30 课后半小时

中国中小学生 人文·社会·科学

通识教育课

文物考古大发现

文物·考古

程琳　王淳莹◎编著

山东教育出版社
·济南·

图书在版编目（CIP）数据

文物考古大发现 / 程琳，王淳莹编著． -- 济南 ：山东教育出版社，2024.11.（2025.2重印） -- （中国中小学生通识教育课）． -- ISBN 978-7-5701-3336-9

Ⅰ．K87-49

中国国家版本馆 CIP 数据核字第 2024JL8441号

WENWU KAOGU DA FAXIAN

文物考古大发现   程琳   王淳莹 / 编著

主管单位：山东出版传媒股份有限公司

出版发行：山东教育出版社

地址：济南市市中区二环南路 2066 号 4 区 1 号   邮编：250003

电话：（0531）82092660   网址：www.sjs.com.cn

印　　刷：济南新先锋彩印有限公司

版　　次：2024 年 11 月 第 1 版

印　　次：2025 年 2 月 第 2 次印刷

开　　本：787 毫米 × 1092 毫米　1/16

印　　张：6

字　　数：123 千字

定　　价：49.00 元

（如印装质量有问题，请与印刷厂联系调换）印厂电话：0531-88618298

序言

新课程改革给教育带来了极大的变化，其中最大的变化就是强调培养德智体美劳全面发展的人。过去，我们的学校教育偏重应试教育，导致素质教育不能得到真正落实。为了改变这一局面，新课标增加了通识教育的内容。

通识教育是教育的一种，它的目标是在现代多元化的社会中，为受教育者提供跨越不同群体的通用知识和价值观。随着人类对世界的认识日益深入，知识分类也变得越来越细。人们曾以为掌握了专业的知识，就能将这一专业的事情做好。后来才发现，光有专业知识并不一定能在相关领域有所创造。一个人的创造力必须是全面发展的结果。我国古代的思想家很早就认识到通识教育的重要性。古人认为，做学问应"博学之，审问之，慎思之，明辨之，笃行之"，并且认为如果博学多识，就有可能达到融会贯通、出神入化的境界。如今，开展通识教育已经成为全世界教育工作者的共识。通识教育让我们的学校真正成为育人的园地，培养德智体美劳全面发展的人。

家长们也许要问，什么样的知识才具有通识意义？这正是通识教育关注的焦点问题。当今世界风云变幻，知识也在不断更新，这就需要更多的专业人员站在人类文明持续发展的高度，从有益于开发心智的角度出发，在浩瀚的知识海洋中认真筛选，为学生们编写出合适的书籍。

目前，市面上适合中小学生阅读的通识教育类的书籍并不多见，而这套《中国中小学生通识教育课》则为学生们提供了一个很好的选择。该系列涵盖人文、社会、科学三大领域，内容广泛，涉及哲学、历史、文学、艺术、传统文化、文物考古、社会学、职业规划、生活常识、财商教育、地理知识、航空航天、动植物学、物理学、化学、科技以及生命科学等多个方面。编写者巧妙地将丰富的知识点提炼为充满吸引力的问题，又以通俗有趣的语言加以解答。我相信，这套丛书会受到中小学生们的喜爱，或许会成为他们书包中的常客，或是枕边的良伴。

贺绍俊

文学评论家

目录 CONTENTS

文物考古大发现

当你踏上古老的文化遗迹，目光穿梭于千年的文物之间时，你的心中是否会升起一连串的疑问：这些遗迹是如何见证了古代文明的辉煌？为何它们能历经沧桑仍保有不朽的魅力？历史的深处是否还隐藏着更多未解之谜……"遗迹"与"文物"是一把探索历史的钥匙，它能揭开历史的神秘面纱，见证古代文明的深邃魅力。

冲!!!!

8000年前的骨笛还能吹响吗？

我用8000年前的骨笛都比你吹得好听！

骨笛是骨头做的吗？

顾名思义，骨笛是骨器的一种，其主要材料是用动物的长骨，也是出现比较早的乐器。对先民们来说，猎物是好不容易捕获回来的，可一点儿都不能浪费，除了用猎物的肉填饱肚子、皮毛做成衣服，连它的骨、角、牙也得利用起来，制成各种各样的工具，比如骨针、骨镖（biāo）、骨锥（zhuī）等，其中骨笛便是这样智慧与创造力的结晶。

名称：贾湖骨笛
时代：新石器时代
尺寸：长23.6厘米
材质：骨
收藏地：河南博物院

8000年前的骨笛

现藏于河南博物院的贾湖骨笛，因出土自贾湖遗址而得名。它通体呈褐色，器表光滑莹润，笛身开有七个音孔，能演奏出近似现在的七声音阶，大孔旁还有极小的调音孔，用于校（jiào）准音差。贾湖骨笛被称为"中华第一笛"，它的出现将中国古代音乐文明的历史上溯到了8000多年前。你知道吗？它还是迄今我国发现的年代最早、保存最好的乐器实物，甚至现在还可以吹奏呢！

课堂小链接

贾湖遗址，位于河南省漯（luò）河市舞阳县北舞渡镇贾湖村，占地面积约5万平方米，是同时期最为丰富的史前聚落遗址之一。该遗址为我们生动地再现了淮河上游八九千年前的辉煌。

什么骨头做笛子最合适？

利用动物不同部位的骨骼形态与特性，将它们加工成各种形制与作用的骨器，这就是先民们智慧的体现。贾湖先民制作的这支骨笛，用的是丹顶鹤的尺骨。鸟类的尺骨长在翅膀内侧，其坚硬中空，且长度也合适，可谓制作骨笛的理想材料。

"鹤鹤"有名

用鹤骨制笛，还与鹤自身的文化寓意相关。鹤会根据气候变化迁徙（xǐ），先民们因此认为其能"通神"，称其为"仙鹤"。用鹤骨制的笛子吹奏时，就如同鹤鸣，吹出的旋律很动听。在道教文化中，鹤也常作为仙人的坐骑，与仙人相伴，"驾鹤西去"在汉代以后也被用来比喻人得道成仙。

此外，鹤还是长寿的象征，是许多画家笔下的"长寿鸟"。如"松鹤长寿""鹤寿松龄""龟鹤延年"等，都是寓意吉祥的祝寿之辞。

💡 你知道吗？

贾湖遗址共出土了40余支骨笛，这些骨笛有两孔、五孔、六孔、七孔和八孔之分。这一发现不仅强有力地反驳了关于中国七声音阶源自西方的观点，也将中华民族音乐文明的源头追溯到了遥远的新石器时代。

用泥巴做出的国宝长啥样？

画哪个好看呢？

哈哈，你都几岁了，还玩泥巴呀？

你不懂，我做的是艺术品！

名称：人面鱼纹彩陶盆
时代：新石器时代
尺寸：高 16.5 厘米，口径 39.8 厘米
材质：陶
收藏地：中国国家博物馆

玩泥巴也能做出艺术品？

你相信吗？早在新石器时代，先民们就用泥巴做出了"彩陶"。那么，彩陶究竟是怎样制作的呢？

首先，用黏土制作一个光滑的橙红色陶坯（pī）；接着，烘干后用天然的矿物颜料在陶坯表面进行彩绘；最后，将陶坯放入窑炉中烧制，大约 3 至 8 个小时以后，表面带有彩绘花纹的陶器就做好了。

彩陶上丰富多彩的图案

出土于陕西西安半坡遗址的人面鱼纹彩陶盆，是仰韶文化的彩陶艺术精品。它个头不大，内壁呈砖红色，且以黑彩绘制出两组对称的图案：两张人面圆滚滚，头戴一顶尖尖帽，眼睛眯成一条线，耳朵长得像鱼鳍（qí），嘴里衔着两条鱼——俨然两个形象奇特的人鱼组合体。有趣的是，在两张人面之间，还有两条大鱼似乎在相互追逐。

半坡人到底在画什么？

仰韶文化的彩陶图案中有大量的动物形纹饰，比如鱼、鹿、蛙等，其中又以鱼纹最为典型。

人面鱼纹彩陶盆上的充满奇幻色彩的图案，引发了后世人的无数猜想。有人认为，人面鱼纹可能是半坡人崇拜的图腾；有人认为，人面鱼纹是半坡人以农业生产为主、以采集和渔猎为辅的生活的写照；还有人认为，人面鱼纹或许描绘了古代巫师招魂祈福的场景……

震惊！这件陶盆居然是……

说到盆，我们大多会联想到生活中使用的脸盆、饭盆、水盆……可这个人面鱼纹彩陶盆却有个令人万万想不到的"身份"——棺盖。"瓮（wèng）棺葬"是盛行于新石器时代至汉代的一种丧葬形式，生者会把陶瓮或陶罐当作葬具，用以盛放逝者的尸体、骸（hái）骨或骨灰。在仰韶文化中，绘有人面鱼纹的彩陶盆，多被当作儿童瓮棺的棺盖使用。半坡人会将逝去的孩子埋在居住区内，以此寄托哀思。

我可怜的孩子……

让我看看里面画的是什么！

📖 课堂小链接

仰韶文化是新石器时代的一种文化，它分布于黄河中游地区，大约存在于公元前5000年至公元前3000年。在河南渑池仰韶村遗址的发掘中，考古学家们发现了大批陶器、石器等文物，这些发现首次证实了中国历史上曾存在非常发达的新石器时代文明。中国第一支考古学文化——仰韶文化，便因此而得名。

中国最早的文字写在哪儿？

这些真的是字吗？我怎么一个都看不懂？

看不懂甲骨文，很正常啦！

什么是甲骨文？

甲骨文指的是我国商周时期刻在龟甲和牛、羊等兽骨上的文字。它是中国目前已知年代最早的成体系的文字。我国曾在安阳殷墟（xū）、郑州商城等地发现了大量的甲骨文物，商代的约有 15 万片。中国国家博物院收藏的这件"王为般卜（bǔ）"刻辞龟甲，其正面残存 17 个字，让我们有幸得见甲骨文的真实面貌。

名称："王为般卜"刻辞龟甲
时代：商代
尺寸：长 18.6 厘米，宽 10.2 厘米
材质：龟甲
收藏地：中国国家博物馆

没有文字之前，人们是怎样记事的？

在文字出现以前，远古时代的人们发明了一种"结绳记事法"。大事打大结，小事打小结，有关系的事可以打连环结。等事情完了，就把结解开。打结时，不同的绳结样式、绳结之间的距离以及绳子的粗细等，都表示不同的意思。

这是四！

太难学了……

汉字是谁创造的？

关于中国文字的起源，你一定听说过"仓颉（jié）造字"的传说吧？传说中，仓颉是一个长着四只眼睛的奇人。他通过观察天上星宿运行的轨迹、山川的走势脉络等自然元素，发明了文字，被尊为"造字圣人"。当然了，传说不可尽信。我们普遍认为，汉字不是由一个人创造出来的，而是在历史发展、文明演进的过程中，由先民智慧长期累积的结果。不过，仓颉有可能是汉字的整理者之一哦。

"裂开"的文物

刻辞龟甲上之所以有那么多裂纹，与它的用处有关。商人热衷占卜，从个人生活到国家大事，时不时就要卜上一卦，而龟甲便是当时相当流行的占卜用具。他们通过钻凿、灼烧龟甲后产生的裂痕，来推断所卜之事的吉凶。据说，商王武丁曾用龟甲为一位名叫"般"的贵族卜算其会不会遇到灾祸。

咦，我裂开了，猜猜是不是吉兆呢？

💡 你知道吗？

2017 年 11 月，甲骨文成功被纳入《世界记忆名录》，这标志着拥有数千年历史的世界上最古老的文字之一甲骨文，穿越数千年历史，成为全人类共同的记忆遗产。

那一年，楚庄王问过的"鼎"伴你米饭么？

嚯，这大家伙得有几百个我那么重吧？

哈哈，我在成为礼器之前，就是口大炖锅！

鼎原本是个"大炖锅"？

虽然商周时期的青铜鼎大多都和后母戊（wù）鼎一样，长得有点儿"凶"，但在成为礼器之前，它们也只是炖煮食物的大锅而已。《说文解字》中就曾写道："鼎，三足两耳，和五味之宝器也。"

名称：后母戊鼎
时代：商
尺寸：高 133 厘米
材质：青铜
收藏地：中国国家博物馆

楚庄王真的只是在问"鼎"吗？

传说，夏禹建立夏朝之后，把天下划分为九州，一州铸一鼎，九鼎就象征九州。如此一来，鼎便从灶房走向了朝堂，成为备受关注的传国重器。春秋时期，作为春秋五霸之一的楚庄王觊（jì）觎（yú）天下，自然对象征权力的鼎也充满兴趣，于是他向周天子派来的使臣询问天子的鼎有多大、有多重。后来，"问鼎"就有了谋朝篡（cuàn）位的意思，也被借指在比赛或竞争中夺取了第一名。

周天子的鼎有多大、多重？方便搬到我这儿不？

统治天下在德不在鼎。周朝的国运尚存，鼎的轻重是不可以问的。

📖 知识加油站

甲骨文里的"鼎"字描绘了这种器物有足有耳的形象，它看起来像不像可爱的"喵星人"？

国博里的大"红"鼎

虽然，春秋时期的楚庄王没能问到天子之鼎的重量，但如今的我们能够在中国国家博物馆看到目前世界上发现的最大、最重的青铜器——后母戊鼎。这件国宝得名于鼎腹内所铸"后母戊"三字得名，重达 832.84 千克。其稳稳当当的四柱足，更是展现了其不动如山的分量感。

目前发现的商代圆鼎里，我是老大哦！

商子龙鼎

铸客铜鼎

大克鼎

大盂鼎

重量级大鼎还有哪些？

如果要按"体重"给大鼎们设立个排行榜，除了稳居榜首的后母戊鼎外，能上榜的重量级大鼎还有：战国铸客铜鼎、商代子龙鼎、西周大克鼎、西周大盂（yú）鼎……这些可都是 100 千克级以上的大鼎哦！

📖 知识加油站

后母戊鼎的双耳上饰一列浮雕式鱼纹，首尾相连；耳的外廓装饰着双虎食人首纹；而鼎身与四足上那些有耳有角、怒目圆睁的狰狞兽面纹，则是饕（tāo）餮（tiè）纹。后母戊鼎上的纹饰华丽而神秘，彰显了青铜器深邃而古老的美。

羊和礼器为什么特别搭？

名称：四羊方尊
时代：商代
尺寸：高 58.6 厘米，重 34.6 千克
材质：青铜
收藏地：中国国家博物馆

我只知道羊和失眠特别搭……

哇，我们羊羊家族也有
"羊"眉吐气的时候！

哞哞哞……

这件文物真"羊"气

四羊方尊是中国现存商代青铜方尊中最大的一件，高 58.6 厘米、重 34.6 千克，方口大沿。"尊"如其名，它的器身塑有四只栩（xǔ）栩如生的卷角羊头，这使得原本死板的造型变得灵动起来，简直是艺术与技术的完美结合。因此，四羊方尊也被史学界称为"臻（zhēn）于极致的青铜典范"。

是酒器，也是礼器

在古代，"尊"的本义是一种盛酒的器具。青铜尊流行于商周时期，容器高大，纹饰繁多，尤以四羊方尊的名气最大。在商周时期，青铜酒器不仅具有实用价值，更象征着使用者的身份与地位，反映出当时等级制度的森严。先赋予一些器具特殊的意义，再要求贵族按照规定好的礼仪制度使用它们，这种做法被称为"藏礼于器"。

四羊方尊凭什么进教科书？

　　四羊方尊被视为"浑铸法"的巅峰之作，在中小学课本中始终占有一席之地，它不仅"妙"在生动的羊头造型上，还"绝"在精湛的铸造工艺上。什么是"浑铸法"呢？就是将整个器物一次性浇铸成型，它是"块范法"的一种。制作时，工匠需先以泥土制成浇铸用的模型，即"范"。使器物里面定形的为内范，使器物外面定形的为外范，外范比内范大，二者组装后会形成一层空腔。在空腔内注入青铜溶液后，耐心等待其逐渐冷却凝固。最后，"脱"去内外范，再修整一番，一件青铜器就铸造完成了。

羊和礼器的搭配有何讲究？

　　对古人来说，祭祀（sì）是头等大事。四羊方尊作为祭祀礼器，着力表现羊的形象，具有深意。羊本就是祭祀时使用的家畜，羊形象的礼器既包含了以羊献祭神明，求得神明保佑之意，又寄托着古人对六畜兴旺、五谷丰登的祈愿。同时，羊图腾崇拜属于图腾崇拜的一种，而图腾崇拜在上古时期很常见。这样看来，羊和礼器还真是特别搭呢！

💡 你知道吗？

　　别看四羊方尊如今安安稳稳地被收藏于中国国家博物馆，但在抗战时期的一次空袭中，它很不走运地被炸成了20多块碎片……好在中华人民共和国成立后，四羊方尊的碎片被重新找回，并在文物工作者的努力下，最终恢复了它原有的绝世风采。

"块范法"制作流程

铭文还能这么用？

guǐ，利簋……
这文物名真拗口！

什么是簋？

"簋（guǐ）"字的字形虽然生僻，但它的用处其实很"亲民"。在中国古代，簋是一种具有实用性的食器，相当于盛放熟食的碗，就像咱们现代的饭盆。它在金文中，其写法十分形象：左边是一个食器，右边有一只手正拿着长柄汤匙，准备从食器中舀取食物。

这是刚出厂时的样子！

这是 3000 年后的样子！

名称：利簋
时代：西周
尺寸：高 28 厘米，口径 22 厘米，方座长、宽 20.2 厘米
材质：青铜
收藏地：中国国家博物馆

这件簋为什么叫作"利"？

古代天子论功行赏时，常会赏赐给大臣一些珍贵的物品。除了我们所熟知的金银珠宝等，商周时期青铜也位列其中。当年，西周一位名叫"利"的官员得到了周武王赏赐的青铜，他十分欢喜，便用这些青铜铸成了"簋"，这就是"利簋"的来历。

📖 知识加油站

青铜是一种以铜和锡为主要成分的合金，在古代被称为"吉金"。用青铜铸造出的器物本应是金灿灿的，但为何如今出土的却呈现青绿色呢？这是因为它们被长期掩埋在阴暗潮湿的地下，器身生出了斑驳的铜锈。

天子食量大到需要八个饭盆？

西周时期崇尚礼制，一些用于祭祀和宴飨（xiǎng）的器物被赋予了特殊含义，成为王公贵族身份地位乃至国家权力的象征，其中就包括簋。在祭祀、宴飨与随葬时，天子用器规格为九鼎八簋，诸侯七鼎六簋，卿大夫五鼎四簋，士三鼎二簋，同一级的鼎、簋形制相同，地位低的人不能冒用地位高的人的器物。因此，天子使用八簋，并非因为他食量大，而是礼制决定的。

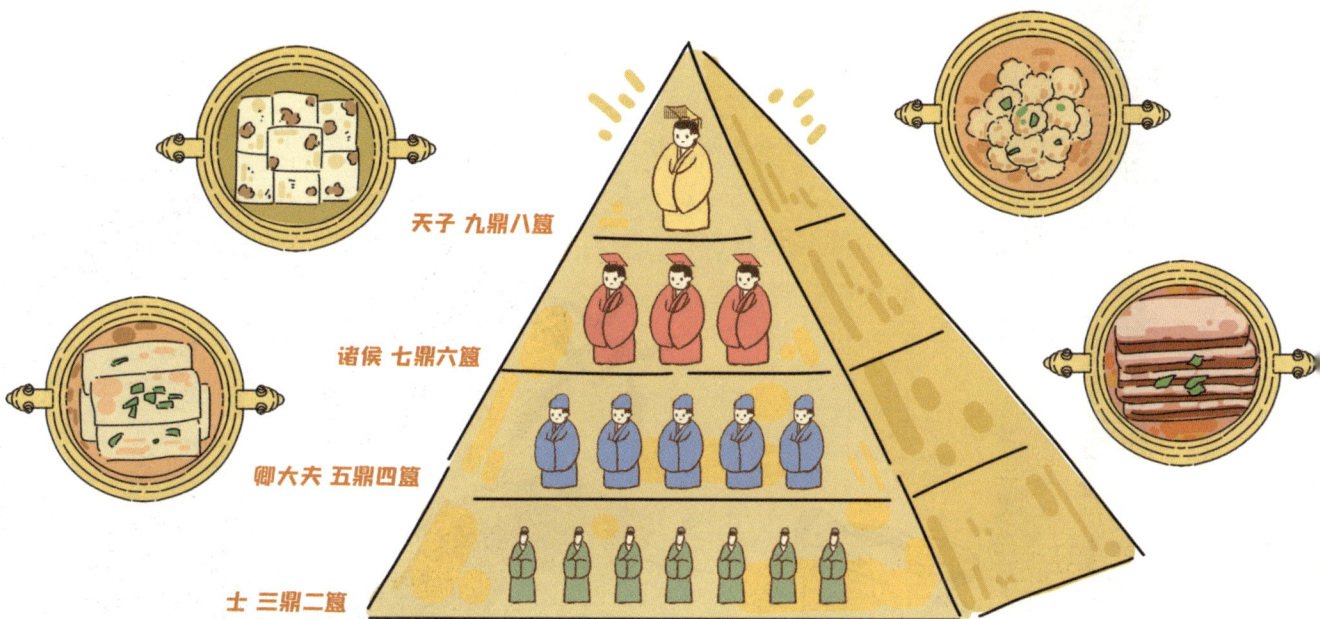

天子 九鼎八簋

诸侯 七鼎六簋

卿大夫 五鼎四簋

士 三鼎二簋

铭文能用来解谜题吗？

簋作为西周贵族的常备礼器，本身并不罕见，样式与工艺也达不到惊艳后世的程度。但利簋之所以珍贵，主要在于其底部的铭文为我们揭示了周王朝的诞生时间。根据铭文开头的记载，周武王征伐商朝时，在一个"甲子"日的清晨，出现了岁星（即木星）上中天的天象。

专家们就能通过碳样检验，框定出武王伐纣的年代范围，再依据参照古籍中的天象记录，便计算出"武王伐纣（zhòu）"的具体日期。因此，利簋上的这段铭文就如同一则"已知条件"，帮助我们解开了一道历史谜题，刻下了商朝到周朝的划时代"界碑"。

一块符
怎么调动千军万马？

想调兵？你拿错道具啦！

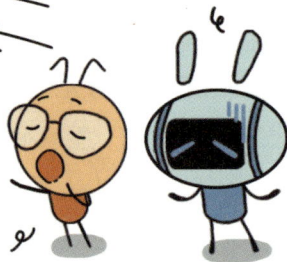

一支穿云箭，千军万马来相见！

调兵遣将就靠它

符，是古代朝廷用于传达命令、调兵遣将的一种特殊凭证。"虎符"，顾名思义，就是做成虎形的符。现藏于陕西历史博物馆的错金杜虎符，来自群雄并起的战国时代，虽然它只有巴掌大，却极具气势。

我是森林之王！

我能调动千军万马！

冲!!!

名称：错金杜虎符
时代：战国
尺寸：长 9.5 厘米，高 4.4 厘米
材质：青铜
收藏地：陕西历史博物馆

虎符不怕造假吗？

虎符并非完整的一块，而是被分为左右两面使用的，只有将左右两面完全对上，才能调动千军万马。那么，有没有人造个假的，来以假乱真呢？历史上还真没有。制作虎符的原料不易获取，工艺也极为复杂。而且，虎符的左右两半面都设有扣齿和扣槽，这相当于设置了一串独一无二的"密码"，齿槽不合就难以对上。在古代，绝大多数人都见不着虎符，更别提破解"密码"啦。

虎符难造却被盗

虎符虽难以伪造，但历史上却曾发生过一起窃取虎符的著名事件。战国时，秦国派兵围攻赵国的都城邯（hán）郸（dān）。赵国打不过秦国，忙向魏国求救，但魏王害怕受到牵连，虽然派出了军队，却下令让他们驻守在赵国边境，按兵不动。赵王没有办法，只好又求助于魏国公子信陵君。信陵君以国家利益为重，冒险请求魏王的妃子如姬盗出了兵符。有了兵符，信陵君成功调动军队，既击败了秦军，救了赵国，又巩固了魏国的地位。史称"窃符救赵"。

> 虎符在此，众将听我命令！

兵符为什么要做成虎形？

这么重要的兵符，古人为什么要把它做成虎的形状呢？这是因为"百兽之王"虎的形象威猛而雄壮，特别适合与军队联系在一起。除了虎符，还有虎将、虎师……这些词语都是用来称赞军队、将领或士兵的英勇和威猛。

> 只有我们俩严丝合缝时，才能调动军队。

💡 你知道吗？

通常情况下，君王持虎符的右半面，地方军事长官执虎符的左半面，左右两半面必须严丝合缝地对在一起，才能调动军队。陕西历史博物馆的这枚错金杜虎符现在只剩下左半面，它曾掌握在杜地的军事长官的手中。

谁是"编钟之王"？

名称：曾侯乙编钟
时代：战国
尺寸：钟架长 7.48 米，高 2.65 米
材质：青铜
收藏地：湖北省博物馆

编钟是什么钟啊？

古代用来奏乐的乐器！

乐器能有多霸气？

编钟，这一古老的青铜打击乐器，经常出现在古代贵族的祭祀、宴饮、庆典等重要场合中。这套由 64 件钟和 1 件镈（bó）组成的曾侯乙编钟，是目前中国发现的数量最多、保存最好、音律最全、气势最宏伟的一套编钟，堪称"编钟之王"。它的钟架是桐木结构的，不同样式的钟分为 3 层 8 组悬挂于上，上层是钮钟，中、下层是甬（yǒng）钟，下层中间有一件镈钟，每个钟体都铸有铭文，共计 3755 字。曾侯乙编钟光是静静陈列在湖北省博物馆的展厅中，都能令人感受到来自 2400 多年前的强大气场。

神奇的双音

曾侯乙编钟还有个特别神奇的地方，那就是每件钟都能发出两种不同的声音，被称为"一钟双音"。如果你仔细观察它，就会发现每个钟的形状就像两片瓦合在一起，这种"合瓦形"结构可以形成不同的振动分区，每个分区的振幅不同，又互不影响。如此一来，当我们分别敲击钟的正面和侧面时，就会产生两种不同的声音。

我是钟虡（jù）铜人，从我的形像你就能感受到战国时期的尚武精神吧！

16

奏乐也要讲规矩

编钟既是供人消遣的乐器，也是代表主人身份和地位的礼器。在等级森严的礼乐制度下，不同等级的贵族能使用的编钟规模是不一样的。和鼎一样，地位越高的人，能使用编钟的数量越多。而且，编钟的悬挂也有规定：天子"宫悬"，即四面都可以悬钟；诸侯"轩悬"，比天子少一面；卿大夫"判悬"，即两面悬钟；最低等级的士只能一面悬钟。

青铜乐器知多少

曾侯乙是个音乐爱好者，因为考古学者在他的墓中发现了大量的乐器。在历史上，青铜乐器曾是个大家族，"成员"众多，除了编钟外，还有铃、铎（duó）、铙（náo）、钲（zhēng）、句（gōu）鑃（diào）、錞（chún）于等，它们或是打击乐器，或是摇奏乐器，共同演奏出了青铜时代的华美乐章。

💡 **你知道吗？**

曾国是周朝的诸侯国之一，曾侯乙便是名叫"乙"的曾国国君，也是这套编钟的主人。在曾侯乙编钟里，位于下层中央的镈钟长得和其他编钟都不一样，并非一套，而是楚惠王赠给曾侯乙的。有专家推测，是由于曾国曾经帮助过楚惠王的父亲，楚惠王为了表达感恩之情，这才特制镈钟赠给曾侯乙。

秦人是怎么做工作笔记的？

从今天起，我也要做工作笔记！

名称：云梦睡虎地秦简
时代：战国晚期至秦
尺寸：一般长 23.1—27.8 厘米，
　　　宽 0.5—0.8 厘米
材质：竹
收藏地：湖北省博物馆和湖北省
文物考古研究院

我看看上面写了啥。

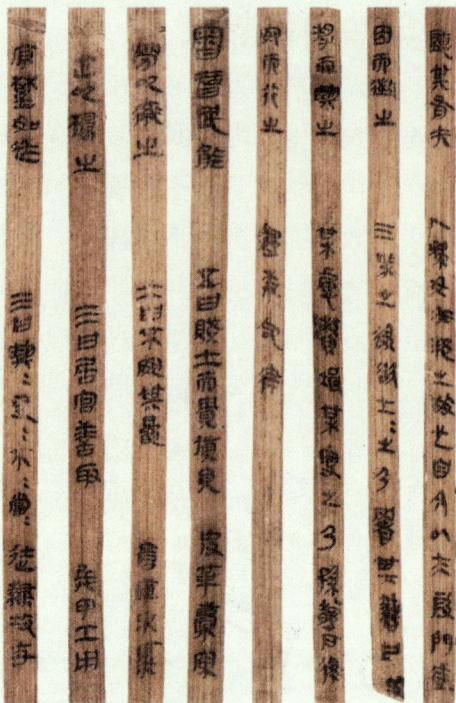

云梦睡虎地秦简《为吏之道》

这套"笔记"还挺全

云梦睡虎地秦简，是湖北省博物馆的镇馆之宝，得名于其发现地——湖北省云梦县睡虎地秦墓。这些竹简多达 1155 枚，简上以秦隶书写了约 4 万个工整的汉字，是一份来自秦朝基层官吏的"工作笔记"，包括大量公元前 221 年秦统一中国前后的法律文献。

这份"工作笔记"都记了些什么？

云梦睡虎地秦简上的内容涵盖范围极广，可以被分为 10 个部分：《秦律十八种》《效律》《秦律杂抄》《法律答问》《封诊式》《编年记》《语书》《为吏之道》《日书》（甲种、乙种）以及家信 2 封。

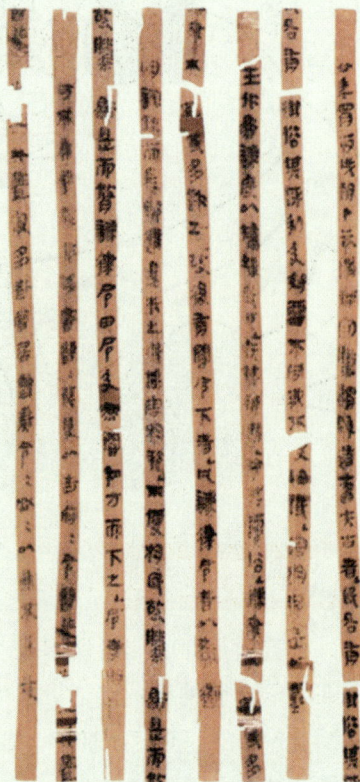

云梦睡虎地秦简《语书》

特别的陪葬品

在古代，大多数墓葬的陪葬品都是青铜器、金银器、瓷器、陶器……可云梦县睡虎地秦墓的墓主人却与众不同，考古学者在发掘过程中发现他的尸骨周围堆满了竹简。在生命的尽头，这个小官吏放弃了那些贵重的器物，选择用上千枚写满文书的竹简陪伴自己长眠。

墓主人是谁？

研究员们通过整理秦简上的文字，发现睡虎地秦墓的墓主人叫"喜"，是个负责检验和抓犯人的基层小吏。然而，他并没有因为自己地位低，就随意地对待工作，反而很爱岗敬业，认认真真地做"工作笔记"。因此，这才有了一千多枚的云梦睡虎地秦简。

听说这个人叫"喜"！

一个普通的小吏，工作都这么认真！

你懂秦律吗？

大约是与喜的工作息息相关的缘故吧，云梦睡虎地秦简记录了很多关于秦朝律法的内容。比如《法律答问》一章，以问答的形式，对秦律的某些条文、术语以及律文的意图做了详细的解释，可以算是相当实用的"培训教材"了。作为首次发现的系统秦律，云梦睡虎地秦简填补了秦代法律文书记载的空白，意义重大。

古人到底有多爱焚香？

名称：鎏金银竹节铜熏炉
时代：西汉
尺寸：高58厘米，口径9厘米，
　　　底径13.3厘米，重2.57千克
材质：铜
收藏地：陕西历史博物馆

我要做整条街最香的仔……

去仙山吗？

在灯光的映衬下，陕西历史博物馆中的鎏（liú）金银竹节铜熏炉，金光闪闪，色彩鲜明。这件来自西汉时期的国宝级文物，通体鎏金鋈（wù）银，精雕细镂（lòu），几乎每处设计都饱含文化意蕴……它采用了典型的博山炉造型，其炉盖似层峦，炉体呈豆形，以铜水浇铸而成。博山是传说中的海上仙山，西汉帝王好寻长生不老之术，大多都信奉神仙之说，博山炉就是在这种风气下流行起来的。

试想一下，焚香之时，香烟袅（niǎo）袅，山峦造型的炉盖仿佛仙山在海上的云雾中若隐若现，这不正满足了当时人们对于登临仙山、羽化升仙的无尽遐思吗？

上面是仙境吗？

做君子吧！

除了仙山造型，这件熏炉的炉柄设计也很有深意。在中国传统文化中，竹子是君子的化身，竹子外部坚硬有节，代表气节与操守，内部中空无物，象征谦虚的美德。熏炉以竹为柄的设计，寄托了君子修身立德之志，寓意深远。

快下来，这可是未央宫里的香薰炉！

龙的霸气！

在整个熏炉上，最耀眼的是那九条金龙，它们非比寻常，既是至尊皇权的象征，又是匠人的"神来之笔"。看，炉体上有4条龙在引颈嘶鸣，它们于汹涌的波涛中回首、翻腾；炉柄上端的3条蟠（pán）龙抬头仰面，有力地托起了炉体；炉底上的2条蟠龙则昂首张口，紧咬住炉柄不放。形态各异的龙，将炉底、炉柄与炉身三个部件自然地衔接成一体，构思极为巧妙。

📖 知识加油站

雕有九条龙的华贵熏炉，其主人的身份必然非常尊贵。由熏炉的炉盖与底座上的"内者未央尚卧"等铭文字样可得知，此炉是西汉皇家未央宫的生活用器。此外，在与这件熏炉同时出土的其他铜器上，还发现了"阳信家"的字样。由此，有专家推测，鎏金银竹节铜熏炉应该是汉武帝赐给他的姐姐阳信长公主的礼物。

古人有多爱焚香？

快！快！点上香炉！我说怎么没灵感呢！

熏炉与历史悠久的焚香文化息息相关。秦汉时期，焚香之风日盛，贵族阶级更甚。到了宋代，当时的文人雅士个个沉迷焚香，居家、上朝、会客都要伴着香气，连参加科举考试也不例外……在明清时期，焚香不仅依然是豪门望族的"日常标配"，也得到了许多百姓的追捧。若能在几案上摆上《红楼梦》中提到的"炉瓶三事"，即香盒、香炉、箸瓶，那真是好生风雅呀！

西汉的"环保灯"是什么原理？

古人也懂环保理念？

当然了！

名称：彩绘雁鱼铜灯
时代：西汉
尺寸：高 53.5 厘米，长 34 厘米
材质：青铜
收藏地：陕西历史博物馆

废品

创意十足的雁鱼铜灯

一只体态圆润的鸿雁双足并立，正伸长脖颈，回首张嘴衔鱼 —— 来自西汉时期的这盏彩绘雁鱼铜灯，由衔鱼的雁首、雁身、两片可以转动的灯罩及灯盘这四个主要部分构成，整体造型逸趣横生。

古人也讲究"环保"吗？

别以为古人不懂"环保"，陕西历史博物馆馆藏的彩绘雁鱼铜灯正是古人具有环保理念的见证。不信？那就一起来探究这灯中的巧思吧！

鱼身下面的灯盘和灯罩都可转动，既能挡风、挡烟，又能调节光照方向，真正实现了多功能的完美结合。

大雁口中的鱼、雁颈和雁身是相通的，鱼腹中产生的烟雾可以通过雁颈进入大雁体内的空腔。

雁腹内可盛清水，用以吸收灯燃烧时产生的烟油。

环保灯不止一盏

怎么样？古人的环保智慧不容小觑（qù）吧！而且，彩绘雁鱼铜灯并非个例，号称"中华第一灯"的长信宫灯也是一件环保杰作。长信宫灯的主体造型是一位双手执灯、挺身跪坐的宫女，宫女一手托着灯座，另一手看似在做挡风的动作，实则袖口中暗藏玄机……看来，汉代工匠巧妙地将隐藏式的导烟管融入设计之中，使得这些环保灯具既美观又实用，有着异曲同工之妙。

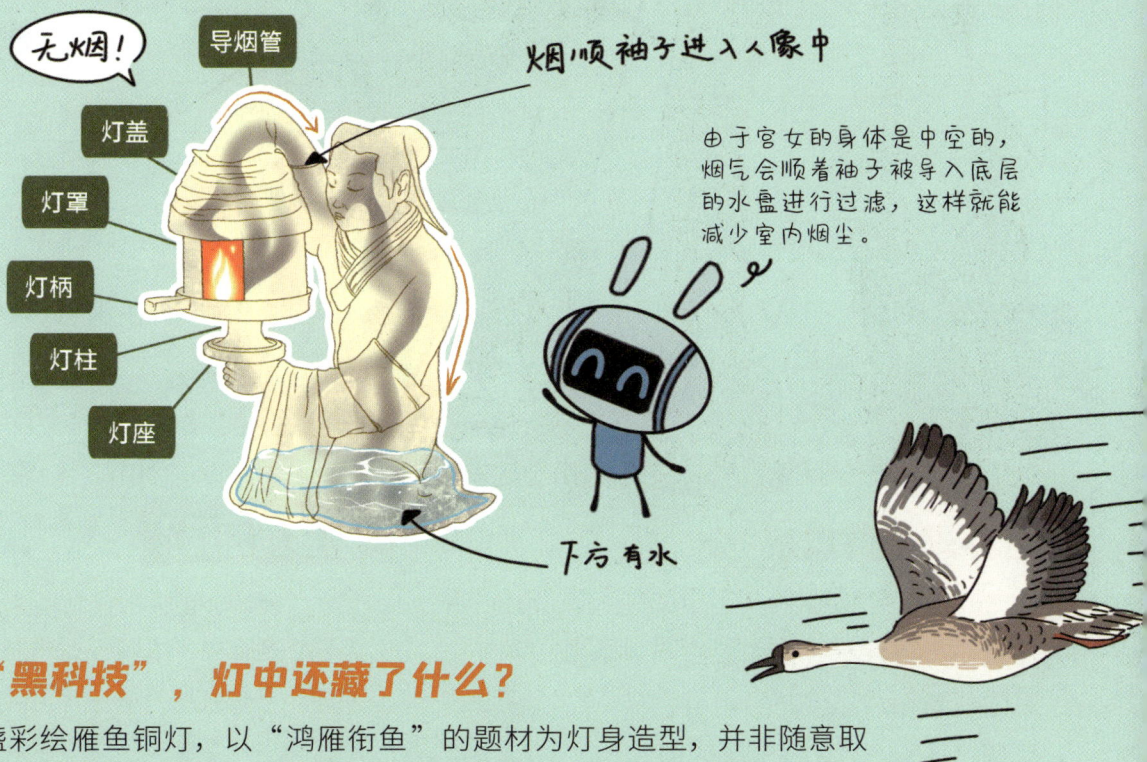

无烟！

导烟管

灯盖

灯罩

灯柄

灯柱

灯座

烟顺袖子进入人像中

由于宫女的身体是中空的，烟气会顺着袖子被导入底层的水盘进行过滤，这样就能减少室内烟尘。

下方有水

除了"黑科技"，灯中还藏了什么？

这盏彩绘雁鱼铜灯，以"鸿雁衔鱼"的题材为灯身造型，并非随意取之——鸿雁在中国传统文化中被视为一种吉祥的动物，也象征着爱情的忠贞；"鱼"又与"余"同音，意为"生活富足"；同时，"衔鱼"也有"获胜"之意。因此，这盏铜灯的设计藏着古人对美好生活的期盼呀！

💡 你知道吗？

汉朝的工匠制作了不少以瑞兽为原型创作的灯具，它们都暗藏了吉祥美好的寓意。比如，以"鹿衔灵芝"为造型的灯，包含了对主人长寿安康的祝福；仿照传说中的凤鸟的形象制作的灯，则承载了天下太平的愿望。

古代也有说唱明星？

呦呦呦，我是全场最高的星！

再来一个！再来一个！

你比击鼓说唱俑还讨喜呢！

名称：击鼓说唱俑
时代：东汉
尺寸：高56厘米
材质：陶
收藏地：中国国家博物馆

这件汉俑真欢乐

"他"身材矮小，袒（tǎn）胸露腹，赤裸双足，头上戴着小头巾，额前装饰着小花饰，笑眼弯弯如月牙，左臂抱着小鼓，右手高举着鼓槌（chuí），看起来喜庆得不得了。这件来自东汉时期的文物叫击鼓说唱俑，它动作夸张，眉飞色舞，宛如立体的"表情包"，可比表情严肃的兵马俑讨喜多了！

💡 你知道吗？

"俑"，是一种代替活人殉葬的人偶，通常以木或陶等制作而成。陪葬俑在春秋时期兴起，并于汉唐两代盛行，比较著名的就是秦始皇陵兵马俑。贵族们以说唱陶俑作为陪葬品，大概是希望到了另一个世界后，还能有人给他表演节目吧！

在《史记》中拥有"专栏"

　　"说唱俑"，也叫"俳（pái）优俑"，古时候的俳优就是专门表演滑稽戏的艺人。他们擅长用幽默的语言和夸张滑稽（jī）的动作去吸引观众，在表演时往往有说有唱，还击鼓配词。这放在现代，他们不就是妥妥的大明星吗？司马迁在《史记》中还专辟了《滑稽列传》，来赞扬那些出身寒微却才思敏捷的俳优。

他们真的那么快乐吗？

　　许多出土的汉代说唱俑都是满脸乐呵呵的模样，叫人瞧着就心情愉悦。个头粗矮、不穿上衣是他们的共同特征。其实，汉代说唱艺人和现代艺人没法儿比，他们大多都是长不高的侏（zhū）儒，且地位低下，靠故意放大自己的缺陷来取乐看客。那一张张笑脸的背后，未尝没有辛酸的泪水……

自嘲只是我们的保护色！

幽默没那么简单！

原来古代的说唱艺人背后都藏着辛酸泪啊！

"嘲讽技能"满点的俳优

　　据史料记载，俳优早在春秋战国时期就已出现在君主身边了。有些俳优颇具胆识，并不甘于只做取悦君主的艺人，还会利用自己的口才讽谏（jiàn）政事，并由此"出圈"，青史留名，比如秦国的优旃（zhān）在秦始皇面前都敢于反讽。有一次，秦始皇想大兴苑囿（yòu），畜养禽兽，优旃听后立即表示："这个想法不错，多养些动物，等敌人打进来，就能用麋（mí）鹿的角把他们顶回去了！"秦始皇听完，便打消了大兴土木的想法。

听说您要建园林养禽兽？以后敌人来了，咱就能用麋鹿的角把他们顶回去！

我……没这个想法啊！

大书法家的"短信"都能成文物？

这一千多年前的信札，跟今天的"短信"差不多。

我要向书圣看齐！

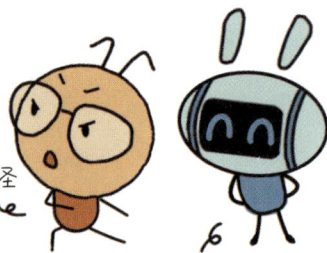

那你需要再练1000年！

名称：《快雪时晴帖》
时代：东晋
尺寸：纵23厘米，横14.8厘米
材质：纸本
创作者：王羲之
收藏地：台北故宫博物院

正在输入中……

王羲之拜上：
快雪过后天气放晴了，真好啊！想必你也一定安好吧！事情没有结果，心里不太痛快，就不详细说了！王羲之拜上，山阴张侯亲启。

羲之兄到底想跟我说啥……

是"短信"，也是书法

收藏于台北故宫博物院的《快雪时晴帖》，是东晋大书法家王羲（xī）之写给"山阴张侯"的一条28字"短信"。虽然它的内容很简单，就是大雪过后问候朋友是否安好，但从书法的角度来欣赏，其行书圆笔藏锋，悠闲逸裕，布局匀整安稳，具有气定神闲的平衡之美，自然值得珍为文物。

喜欢唠嗑，也喜欢传"小纸条"

如《快雪时晴帖》这般的"短信"，王羲之还写了很多，均被后世奉为书法名帖。不过，这些"短信"的内容，虽不像他的其他作品那样"大气、高端、上档次"，反倒多了些人情味儿——有向好友推荐草药的，有问候好友及其家人的，有感谢好友捎来特产礼物的，有絮（xù）叨家长里短的，有"吐槽"自己近日在官场上诸事不顺的，甚至连夜里肚子痛都要与好友说上一说……

白鹅爱好者

王羲之不仅爱写"短信"，还对大白鹅情有独钟。据说，当时有个山阴道士，为了得到王羲之的墨宝，投其所好，养了一群大白鹅作为交换。王羲之知道后欣然答应，立刻留下一篇书法，高高兴兴地带着大白鹅回家了。

> 写了几个字就换了这么多鹅，真值！
>
> 几只鹅就换得书圣的大作，太值了！
>
> 嘎……
>
> 嘻嘻……

名帖配"精装"

王羲之的《快雪时晴帖》与王献之的《中秋帖》、王珣（xún）的《伯远帖》并称"三希帖"，其中《快雪时晴帖》更是位居三帖之首。这幅作品是乾隆皇帝的心头好，被珍藏在书房"三希堂"内。乾隆皇帝对"三希堂"内的藏品都很上心，在装裱（biǎo）时颇费心思，甚至亲自参与设计。用于保护《快雪时晴帖》的"书皮"就是一幅工艺精细、图案华丽、价值不菲的织锦，配色和谐低调，又不失奢华之美。

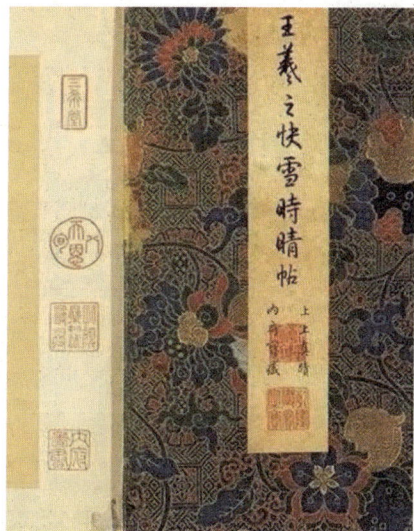

📖 知识加油站

这幅织锦中藏着中国古代传统的吉祥图案——"三果纹"，即由石榴、佛手、桃子组成的图案。佛手的"佛"谐音"福"，寓意多福；桃子蕴含长寿之意，寓意多寿；石榴多籽，寓意人丁兴旺。因此，"三果纹"又被称作"三多纹"。

不同朝代的人同框，算穿越吗？

什么是画像砖？

画像砖，是中国古代装饰祠（cí）堂、墓室等的专用画砖，目前最早的画像砖可追溯（sù）至战国晚期。南京博物院的竹林七贤与荣启期砖画，属于大型画像砖组画，其原来分为两组，各在墓室内部南北两壁，每一组都由近 300 枚砖块拼嵌而成，规格统一。画上的八人，为魏晋时期的"竹林七贤"与春秋时期的荣启期，他们皆席地而坐，神态各异，栩（xǔ）栩如生，人物之间还以银杏、槐树等植物点缀，形成既独立又统一的画面。

竹林七贤堪称"魏晋名片"

三国魏正始年间，阮（ruǎn）籍、嵇（jī）康、向秀、山涛、刘伶（líng）、阮咸、王戎这七位名士，常在当时的山阳县竹林间饮酒纵歌。他们博学多才，各怀出众的才能，又不拘礼法，潇洒直率，是魏晋风流的"代言人"，世称"竹林七贤"。"竹林七贤"可谓是魏晋时期的一张文化名片。一提到魏晋文化名人，人们往往都会想到他们。

咦，这是古代的墙上艺术吗？

名称：**竹林七贤与荣启期砖画**
时代：**南朝**
尺寸：**一组高 78 厘米，长 242.5 厘米；**
　　　二组高 78 厘米，长 241.5 厘米
材质：**陶**
收藏地：**南京博物院**

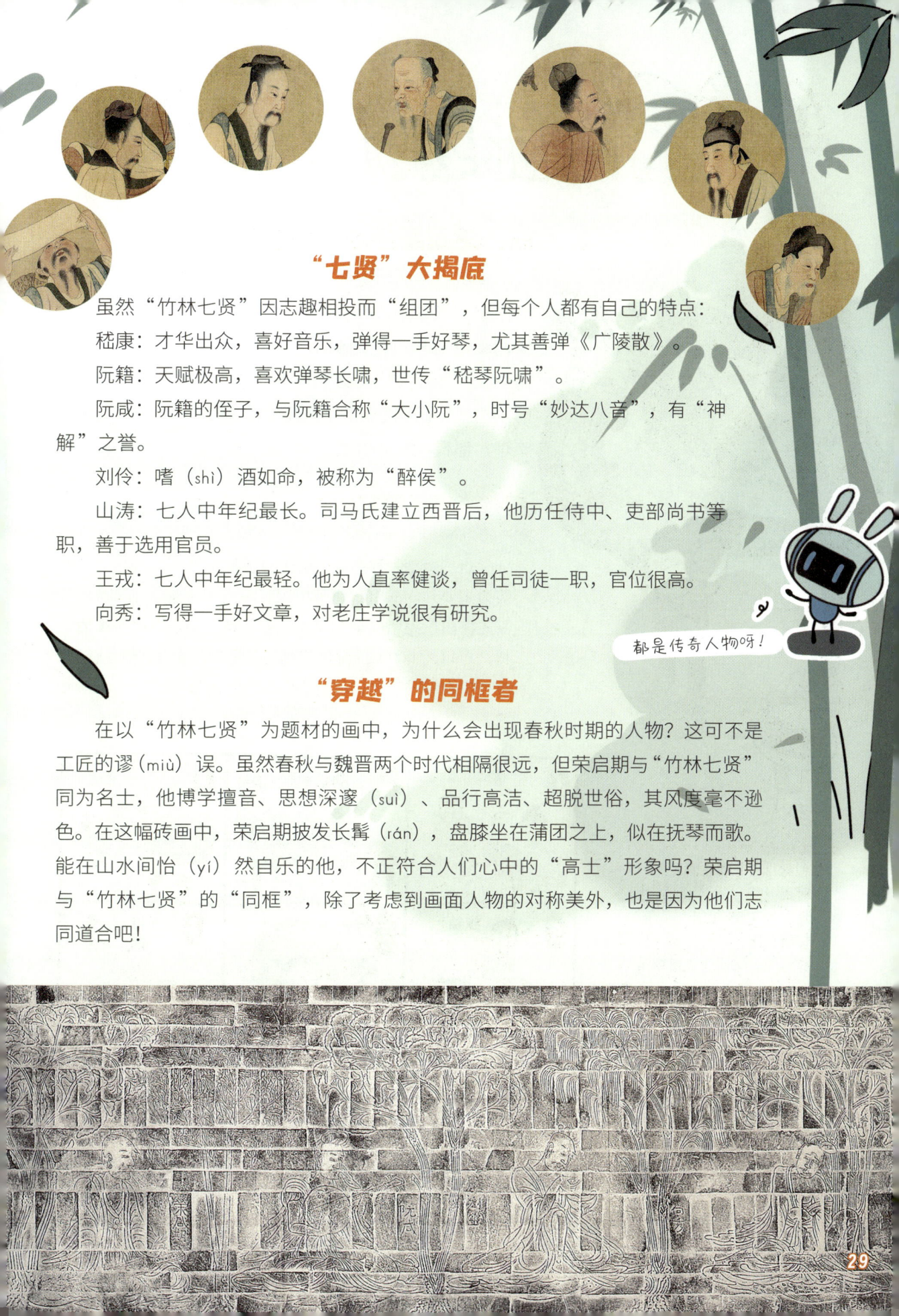

"七贤"大揭底

虽然"竹林七贤"因志趣相投而"组团",但每个人都有自己的特点:

嵇康:才华出众,喜好音乐,弹得一手好琴,尤其善弹《广陵散》。

阮籍:天赋极高,喜欢弹琴长啸,世传"嵇琴阮啸"。

阮咸:阮籍的侄子,与阮籍合称"大小阮",时号"妙达八音",有"神解"之誉。

刘伶:嗜(shì)酒如命,被称为"醉侯"。

山涛:七人中年纪最长。司马氏建立西晋后,他历任侍中、吏部尚书等职,善于选用官员。

王戎:七人中年纪最轻。他为人直率健谈,曾任司徒一职,官位很高。

向秀:写得一手好文章,对老庄学说很有研究。

都是传奇人物呀!

"穿越"的同框者

在以"竹林七贤"为题材的画中,为什么会出现春秋时期的人物?这可不是工匠的谬(miù)误。虽然春秋与魏晋两个时代相隔很远,但荣启期与"竹林七贤"同为名士,他博学擅音、思想深邃(suì)、品行高洁、超脱世俗,其风度毫不逊色。在这幅砖画中,荣启期披发长髯(rán),盘膝坐在蒲团之上,似在抚琴而歌。能在山水间怡(yí)然自乐的他,不正符合人们心中的"高士"形象吗?荣启期与"竹林七贤"的"同框",除了考虑到画面人物的对称美外,也是因为他们志同道合吧!

一头骆驼能载几个人？

听，这是哪里传来的乐声？

现藏于陕西历史博物馆的三彩载乐骆驼俑是国家一级文物。它以细致而精湛的做工，展现了一支以骆驼代步、载歌载舞、巡回演出的唐朝"乐队"，仿佛将一幅描绘民族间文化交融的精美画卷徐徐展开在我们的眼前，对我们研究盛唐时期的音乐、舞蹈、服饰、文化交流等，都极具参考价值。

一起来骑骆驼啊！

这骆驼累坏了……

名称：三彩载乐骆驼俑
时代：唐
尺寸：高58厘米
材质：陶
收藏地：陕西历史博物馆

📖 知识加油站

唐三彩是一种盛行于唐代的制陶工艺，多以红、绿、黄为主要釉(yòu)色，堪称中国彩陶艺术的巅峰。制作时，需先将白色泥胎烧至1100℃左右，待冷却后多次涂抹釉料，再以约900℃的温度烘烤。随着时间的流逝，釉料会产生奇妙的变化，最后形成斑斓的色彩。

1 选料　2 制胎　3 素烧
4 施釉　5 釉烧　6 开相

唐三彩的制作工艺流程

乐队成员之骆驼

大唐盛世开放包容，吸引了众多胡人来华交流、行商。骆驼作为"沙漠之舟"，自然要承担起运送旅客和货物的重任，这也使得它的形象频繁出现在唐三彩作品中。这件文物塑造的骆驼四足挺立在长方形踏板上，引颈张口作嘶鸣状，肌肉健硕，力气之大足以驮着乐舞艺人在街头表演。它像不像一个"行走的舞台"？

乐队成员之演奏"男团"

瞧，驼背上那张方形蓝色花边波斯毯上，围坐着 7 个神态各异、醉心演奏的男乐俑。他们手里拿的乐器中不乏从西域传入的胡乐器。快来听听这些演奏家们的自我介绍吧！

乐队成员之唱跳担当

立在 7 个男乐俑中间的，是一位神态优雅的女歌俑。她面颊圆润，体态丰腴（yú），梳着时兴的发髻（jì），穿着齐胸襦裙，似在跟随伴奏的节拍轻拂长袖，边歌唱边舞蹈，自信鲜活，逼真传神。

我吹的是笙。别看这些音管参差不齐，却能发出高雅清越的乐声呢。

琵琶可是胡乐器的代表。

我吹的是横笛，它算得上是小型乐器合奏中的主力哦。

我演奏的乐器叫拍板。

我负责乐队的唱跳。

我吹奏的箫是中国传统雅乐的代表乐器。

我演奏的是排箫，它既能独奏又可以合奏。

我手中这种竖弹的乐器自波斯传入中国，后被称为"胡箜篌"。

💡 **你知道吗？**

骆驼载乐是真实存在的一种集乐舞、杂技和马戏于一体的百戏节目。但一般而言，双峰骆驼在平原能负重 250 千克左右。按一个人 50 千克算，一头双峰骆驼差不多只能载得动 5 人。因此，这件骆驼载乐俑虽取材于现实，但多多少少还是进行了夸张的艺术加工。

唐朝的马居然会跳舞？

唐朝的马会叼着杯子跳舞？

名称：鎏金舞马衔杯纹银壶
时代：唐
尺寸：通高 14.8 厘米
材质：银
收藏地：陕西历史博物馆

珍贵的"混血"壶

鎏（liú）金舞马衔杯纹银壶是一件禁止出国（境）展出的珍贵国宝，现藏于陕西历史博物馆。它的壶身呈扁圆形，用纯银制作，形状参考了游牧民族常用的皮囊壶和马镫（dèng）。这件文物鲜明地反映出唐朝初期政权的统一，以及游牧文化与农耕文化之间出现的碰撞与融合。

我也想捶打出一块国宝！

你还是省点力气吧！

锤出来的国宝？

别看这件国宝块头不大，只是个壶，可它的制作工艺却大有讲究。壶面上的骏马翘首鼓尾，衔杯匍（fú）拜，姿态栩栩如生、立体感极强，五官轮廓、肌肉线条都纤毫毕现——这都得归功于唐朝工匠高超的锤揲（yè）法。

锤就是敲打，揲就是打成薄片。顾名思义，锤揲法就是一种把金银锭（dìng）类的材料用锤敲成各种形状的工艺。为了使银壶看起来浑然一体，工匠需要先加热银锭，再将它们分别放在不同的模具中反复敲打，接着剪裁掉多余的部分，把各个零件焊（hàn）接在一起，最后打磨平整，就能得到一个精美又实用的银壶了。

唐朝的马真的会跳舞哦!

　　那么，匠人为什么会在壶身上锤出"舞马衔杯"的图案呢？原来，唐玄宗在位期间，将自己的生日设为"千秋节"。在各种节庆表演中，最热闹、最精彩的当数"舞马祝寿"！舞马就是经过特殊训练后会按节拍跳舞的马，其中有些还会衔起酒杯为唐玄宗祝寿。因此，银壶上的图案可不是凭空捏造的哦。可惜，盛世的舞步终有停歇的一日。"安史之乱"爆发后，唐玄宗弃城而逃，"舞马"也消失在了历史长河中。

风靡唐朝的马球运动

　　"舞马"表演与唐朝爱马的社会风气密切相关，马球也是如此。马球，又叫"击鞠（jū）"，是我国古代一种骑马打球的运动，人骑在马背上，用球杆击球入门，多者为胜。在唐朝，马球不仅是一项全民娱乐活动，还能作为对外交流的"桥梁"。唐宋时期，不少帝王与贵族都是马球爱好者，据说唐玄宗的"球艺"十分了得！

彩绘打马球俑

古代的瓷枕好用吗？

瓷枕不硬吗？
想想都脑壳疼……

名称：定窑白釉（yòu）孩儿枕
时代：宋
尺寸：高 18.3 厘米，长 30 厘米，
　　　宽 18.3 厘米
材质：瓷
收藏地：故宫博物院

古代枕头创意多

两只眼睛滴溜圆，两只耳朵像元宝，一双小脚交叉翘……定窑的匠人匠心独运地将瓷枕塑造成了一个眉清目秀、天真可爱的男孩儿形象，特别惹人怜爱。只要一瞧这"孩子"趴在垫子上，摆出悠哉得意的模样，枕在上边的人一定也能拥有一份惬意的好心情吧。

枕头为什么要做成小孩儿的样子？

据说，北宋时期，有一对靠烧制瓷器为生的夫妇始终没有孩子。某个晚上，妻子梦见一个长得十分可爱的小娃娃，醒来后便按照小娃娃的样子做了个瓷枕头，天天枕着它入睡。没想到过了半年，妻子竟然怀孕了。后来，一传十，十传百，孩儿枕便有了"送子"的寓意。

📖 知识加油站

定窑是中国古代著名的瓷窑之一，主要烧造乳白色瓷器，窑址位于古代定州，故而得名。宋朝时，中国瓷器得到了极大的发展，定窑与官窑、汝窑、钧窑、哥窑一起，并称宋朝的五大名窑。

瓷枕用处多

　　瓷枕虽然比不上现代枕头的柔软舒适，但在古人看来，它的优点和用处并不少。古人认为，瓷枕有护眼的功效，人经常枕着它睡觉，哪怕上了年纪，视力也是顶呱呱的。并且，古代没有空调，冰冰凉凉的瓷枕正好可以解暑。此外，瓷枕还能充当古代的"保险箱"。因为瓷枕大多是空心的，古人可以把贵重物品都藏在里面，一来夜里枕着安心，二来遇事时抱起它就能跑，多方便啊！

百变瓷枕花样百出

　　瓷枕在唐宋时期尤为流行。在造型、纹饰方面，匠人们可谓是花样百出：不仅有憨（hān）态可掬的孩儿枕和赏心悦目的美人枕；兽形枕的数量也不少，且大多被赋予祈福辟邪的寓意；还有更适合"财迷"的银锭（dìng）枕、充满"艺术范儿"的题诗枕和绘画枕……这些创意让瓷枕不仅能作为寝具，同时也成为不折不扣的艺术品！

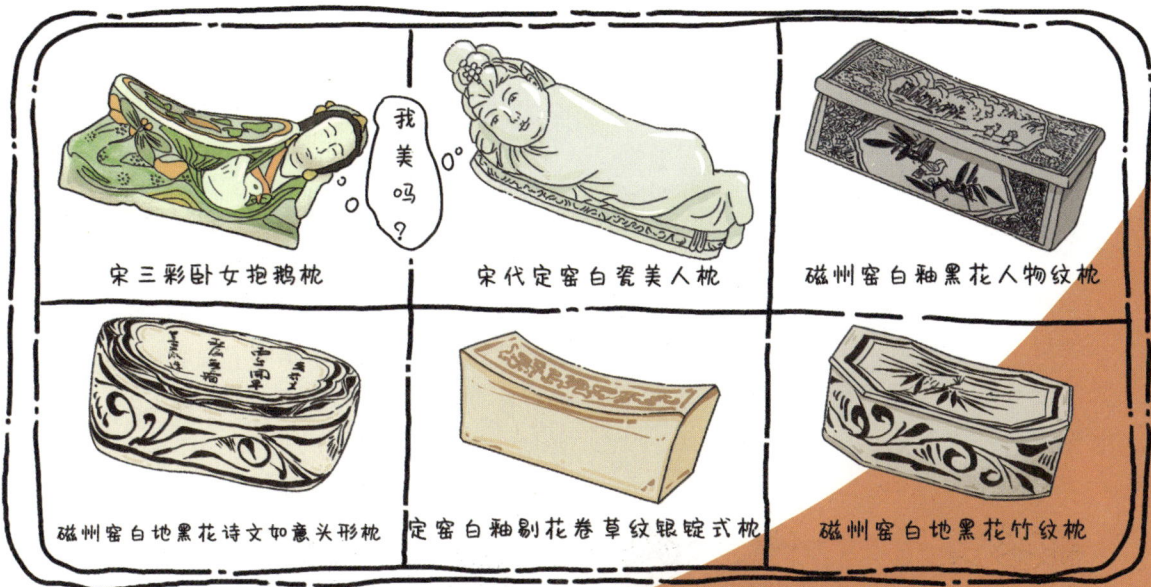

宋三彩卧女抱鹅枕　　　　宋代定窑白瓷美人枕　　　　磁州窑白釉黑花人物纹枕

磁州窑白地黑花诗文如意头形枕　　定窑白釉剔花卷草纹银锭式枕　　磁州窑白地黑花竹纹枕

一幅画能"装下"汴京吗？

名称：清明上河图
时代：北宋
作者：张择端
尺寸：纵 24.8 厘米，横 528 厘米
材质：绢
收藏地：故宫博物院

谁用画"装下"了汴京？

汴（biàn）京（今河南开封）是北宋的都城，也是当时世界上最繁华的城市之一。正因为繁华易逝，所以大画家张择端选择用画笔留下了这座古都的风采，他创作的这幅长卷的风俗画——《清明上河图》，"装下"了清明时节汴京东角子门内外和汴河两岸的繁华景象，反映了北宋全盛时期汴京百姓的生活风貌。

💡 你知道吗？

关于张择端的文献记载很少，我们只能从《清明上河图》卷后的跋（bá）文中大致得知其生平。张择端生活在北宋末年，从小用功读书，早年去了汴京游学，后来专攻绘画，曾经供职于翰林图画院，尤其擅长绘制舟车桥梁、市井城郭。

你会在汴京遇见谁？

　　猜猜看，《清明上河图》中一共画了多少个人物？张择端笔下的汴京街头，人头攒（cuán）动，熙（xī）熙攘（rǎng）攘，有 500 多个身份不同、衣冠各异的人集聚于此。如果你能漫步其中，会看到在茶馆休息、饭铺进餐的人，会与贩（fàn）夫走卒擦肩而过，会遇见看相算命的"先生"，甚至还会发现在桥栏边行乞的乞儿……

汴京的虹桥成了"主角"

　　位于中心位置的虹桥堪称整个画卷的"主角"。只见一艘漕（cáo）船马上就要迎面撞上桥身，在这个紧要关头，桥上桥下都炸开了锅！船夫们或用竹竿抵住桥身，或七手八脚地急着把过高的桅杆放下。在桥上指挥的人也着急，恨不得直接跳到船上去帮忙……

汴京有什么店可逛？

　　论吃喝，有"孙羊店"这种把门面装饰得华丽惹眼的大酒楼，也有"十千脚店"这类的小饭馆，还有类似现代冷饮店的"饮子"小摊；论好玩儿，可以去说书先生与算命先生的摊子上凑个热闹！

歌词里唱的青花瓷长什么样？

名称：元青花四爱图梅瓶
时代：元
尺寸：高 38.7 厘米，
口径 6.4 厘米，
底径 13 厘米
材质：瓷
收藏地：湖北省博物馆

太漂亮了！

青花瓷有多美？

听过了歌词里唱的"青花瓷"，你还想亲眼见识它的美丽吗？那去湖北省博物馆吧，这里收藏着一只元青花四爱图梅瓶，它的瓶口小小的，颈部短短的，肩部又宽又厚，圈足平底，造型既圆润又不失优雅。如果我们再仔细地瞧，会发现它色彩淡雅青翠，上腹绘有凤穿牡丹图和"四爱图"，下腹绘有一圈仰莲纹，三组纹饰间以卷草纹和锦带纹间隔，整体层次分明，色泽明净。

青花瓷是怎样诞生的？

青花，既代表瓷器的一种釉彩，也指白地蓝花的瓷器。制作青花瓷时，先以蓝青色的颜料在瓷器毛坯上描绘纹饰，并涂抹一层无色透明釉，再将其放入瓷窑，以高温烧制成型。青花瓷的制作技艺始于唐代，在元代发展成熟。到了明清时期，青花瓷更是成为中国瓷器生产的主流。

📖 知识加油站

元青花瓷器常以历史故事作图案。比如，有描绘蒙恬（tián）将军听汇报的玉壶春瓶，有再现尉迟恭单骑救主与昭君出塞的瓷罐，还有南京市博物馆的"镇馆之宝"——元青花萧何月下追韩信图梅瓶……

梅瓶是什么瓶？

梅瓶因瓶口细而狭窄，只能放入瘦劲的梅枝而得名。宋朝时期，它主要作为储酒器在民间酒铺中被使用。因其瓶体修长，也被称作"经瓶"。由于人们喜欢它的优美造型，后来将它用于陈设装饰。时间一久，梅瓶渐渐从酒器变成象征身份和地位的高档艺术品。到了明代，很多贵族甚至将它作为重要的陪葬品。元青花四爱图梅瓶就出土于明太祖朱元璋的第二十四个儿子——朱栋的墓葬中。

我爹说它是盛酒的！

我娘说它是插花的！

"四爱图"指的是什么？

"四爱图"指的是在菱形开光纹里描绘的四个图案，分别是王羲（xī）之爱兰、陶渊明爱菊、周敦颐（yí）爱莲和林逋（bū）爱梅鹤。

王羲之是东晋著名书法家，图中的他在童子陪伴下席地而坐，正欣赏着花盆中的春兰。

菊花对东晋田园诗人陶渊明来说，代表了隐逸避世的态度。瞧，图中的陶渊明手扶拐杖，正回头望向童子手中的秋菊，神态悠然自在。

周敦颐酷爱莲花，认为其"出淤（yū）泥而不染，濯（zhuó）清涟而不妖"，他赞美莲花，也是在以莲花自喻，表达自己不愿与世俗同流合污的高洁品格。

以咏梅诗扬名的北宋诗人林逋，世称"和靖先生"，也是一位淡泊名利的隐士。

这可是货真价实的明代凤冠！

名称： 孝端皇后九龙九凤冠
时代： 明
尺寸： 通高 48.5 厘米，冠高 27 厘米，
径 23.7 厘米，重 2320 克
材质： 金、银、竹等
收藏地： 中国国家博物馆

谁的礼冠上可以同时出现"龙凤"？

什么冠能把"龙凤"都集齐？

收藏于中国国家博物馆的这顶九龙九凤冠，出土自北京明定陵。它以竹为骨，顶端饰有九条腾飞的金龙，它们遨游于翠云之上，口衔的珠滴能随女子的步态晃动。九龙之下，是与之相呼应的九凤，它们飞舞于璀（cuǐ）璨（càn）的珠宝花丛间，造型优美，栩栩如生。整顶凤冠集齐了中国古代最尊贵的动物"龙"和"凤"，只有母仪天下的皇后才有资格佩戴。

定陵，明十三陵之一，里面埋葬着明神宗朱翊（yì）钧，以及孝端、孝靖两位皇后，随葬品数不胜数，有皇冠、龙凤冠、龙袍、金银器、玉器等。

这么多珠宝能不重吗？戴上也太费脖子了……

重2320克

"顶配" 之美

九龙九凤冠，作为孝端皇后受册、谒（yè）庙、朝会时戴的礼冠，象征着她的尊贵地位与至高权力。抛开上面镶嵌的百余粒天然宝石和4414颗珍珠，其制作工艺也堪称一绝。先说金龙的花丝镶嵌工艺，先以金为原料，拔成细丝，再用堆、垒、编、织等八大技法编结成型；再说翠凤的点翠工艺，工匠需要先将翠鸟的羽毛剪成合适的大小，再将它们小心地胶粘在金银器上。仔细看，这顶凤冠上的翠凤、翠云、翠叶、翠花都采用了点翠工艺，制作难度非常大！

💡 你知道吗？

在古代，用点翠工艺制作的器物虽美，但要以伤害翠鸟为代价。为了保证羽毛的光泽，工匠必须从活着的翠鸟身上摘取羽毛。不过，现在人们已经能用鹅毛等材质来仿制翠羽了。这样的话，翠鸟也不必为了艺术而"献身"了，点翠工艺也能得到传承。

凤冠之主

这顶九龙九凤冠属于明朝的孝端皇后，她的丈夫是明神宗朱翊钧。史料显示，孝端皇后容貌端庄，性情温和大度，对皇太后十分孝顺，但一直没能得到丈夫的喜爱，膝下只有一个女儿，即荣昌公主。尽管如此，她却创下了中国历史上皇后在位时间最长的纪录——整整42年！

真是好儿媳啊。

太后，我给您揉揉肩……

"东坡肉"也能进博物馆?

我要吃东坡肉!

哎呦,那是石头!小心你的牙!

石头还能这么像肉?

台北故宫博物院最著名的"一素一荤",就是翠玉白菜与肉形石了。肉形石是清廷珍玩,这块奇石不仅形状与"东坡肉"极为相似,连色泽都异常逼真,"肥厚"层次分明,甚至自带肉类的胶质感。

能看不能吃,这种苦,谁懂啊!

名称:肉形石
时代:清
尺寸:高 6.6 厘米,宽 7.9 厘米
材质:玛瑙
收藏地:台北故宫博物院

中国文化里的石头

自古以来,中国人与石头就缘分匪浅。有些石头被制成石器,有些石头用于建筑,还有些石头成了历代文人墨客的"心头好"与"笔下客"。宋代大书法家米芾(fú)就特别喜欢奇石,有一回,他瞧见衙(yá)署内有一块石头长得非常奇特,居然特意换上官服和官帽,对着石头拜了又拜,故而留下了"米芾拜石"的典故。

你想多了,他是在拜我啦!

是在拜我吗?

💡 你知道吗?

这块肉形石也并非天生就与"东坡肉"如此相似,而是能工巧匠根据它的特征,在玛瑙石的上层表面做了许多细密的钻点,营造出了毛孔的效果,还进行了人工染色,把上表皮染成褐色,就更像烹饪过后的肉皮啦!

以假乱真的果盘

你知道吗？不仅石头能以假乱真，瓷器也可以哦。我国古代有一种瓷器叫"像生瓷"，它可以模仿花果类或动物形象，让人眼前一亮。乾隆皇帝在位时期，像生瓷的制作技艺已经达到极高的水平，可以做到随心所欲地仿烧各种物品。比如，珍藏在故宫博物院的粉彩像生果品高足盘中的蜜柑、桑葚、樱桃、橘子、枣……无一不惟妙惟肖！

到底哪个是真，哪个是假呢？

粉彩像生果品高足盘

东坡肉与苏东坡什么关系？

众所周知，宋代大文豪苏轼，自号"东坡居士"。相传，"东坡肉"的发明人就是他。苏东坡在杭州任职期间，为了治理西湖水患，他组织百姓进行疏浚工作，之后百姓为了感谢他，纷纷抬猪担酒前来拜访，以表谢意。苏东坡婉拒了百姓的礼物，别出心裁地将肉切成方块，烧制后分给参与疏浚的百姓。这道菜由于苏东坡的创意与心意，逐渐在民间流传开来，并被命名为"东坡肉"。

📖 课堂小链接

猪肉颂

［宋］苏东坡

净洗铛，少著水，柴头罨（yǎn）烟焰不起。待他自熟莫催他，火候足时他自美。黄州好猪肉，价贱如泥土。贵者不肯吃，贫者不解煮，早晨起来打两碗，饱得自家君莫管。

自己秘制的猪肉味道就是香！

43

瓶子 转 起来能有多好玩？

转瓶子啊？挺好玩的！

不是这种转法啦！

名称：黄地粉彩镂空干支字象耳转心瓶
时代：清
尺寸：高 40.2 厘米，口径 19.2 厘米，
　　　足径 21.1 厘米
材质：瓷
收藏地：故宫博物院

"玩转"瓷瓶

漂亮的瓷瓶转起来能有多好玩？看看收藏于故宫博物院的黄地粉彩镂空干支字象耳转心瓶就知道啦！这件瓷瓶烧造于清朝乾隆时期，其外瓶腹部开有四面"窗户"，分别对应四季不同的园景。赏玩瓷瓶者，透过"窗户"往里看，就能看见内瓶上以孩童戏耍为主题的婴戏图。图中，有的孩子骑马，有的孩子击鼓，有的孩子打灯笼……每个景象都充满童趣，好不热闹！

瓶子是怎么转起来的？

其实，"大瓶套小瓶"的工艺并非清朝独有，但转心瓶的绝妙之处，就在于它能像走马灯一样转起来，让观赏者从外瓶的"小窗户"看到内瓶上不断变化的画面，真是妙趣横生。一般来说，转心瓶要拆成四个部件进行烧制，分别是瓶颈、内瓶、外瓶、底座，然后将它们组装在一起：①把内瓶放入外瓶；②把外瓶的腹部和底座组合好；③把外瓶的颈部与肩部组合好。但凡这个过程有半点儿差错，就做不出完美的转心瓶。

瓶子还能怎么转？

　　乾隆时期不仅有转心瓶，还有转颈瓶。比如这件藏于故宫博物院的粉彩加珐琅彩开光山水纹转颈瓶，外瓶腹部的四个"窗户"里既有代表四季的山水图，也有乾隆皇帝题写的诗句。那么问题来了，既然瓶身四面都是"主角"，颈部的一对垂带形耳要怎样做，才能不遮挡观赏者的视线呢？于是，瓶颈部的双层可转动设计应运而生。有了它，乾隆皇帝无论想欣赏哪个季节的图画，都只要将颈部拨转到两侧就行啦！这样的话，瓷瓶的每一面都成了完美的"正面"。

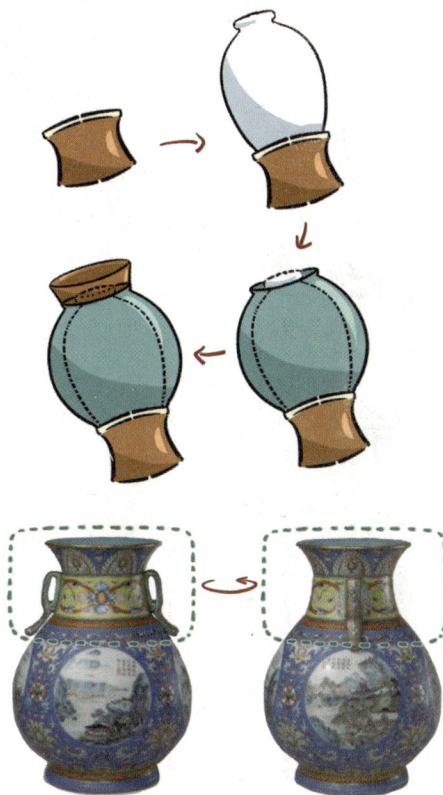

粉彩加珐琅彩开光山水纹转颈瓶

💡 你知道吗？

　　这件转心瓶的新颖构思，还体现在瓶颈与肩部的两排"小窗户"上。你注意到了吗？上方的"小窗户"里有十个天干名，下方的"小窗户"里有十二个地支名。干支纪年法是我国古代传统的纪年方法，只要转动瓶子，组合干支，这个瓷瓶就能当历书使用，这是不是很绝呢？

乾隆皇帝的宝贝们

　　虽然转心瓶的烧制难度大，耗时长，成品率低，但因为乾隆皇帝财力雄厚，御窑厂又能人辈出，所以那时还是留下了不少令人大开眼界的传世之作，比如以八仙为主题的粉彩镂空暗八仙纹双耳转心瓶，还有能使瓶上金鱼在水藻莲花间穿游嬉戏的青花粉彩镂空开光鱼藻纹四系转心瓶，以及叠加了交泰瓶工艺的黄地青花缠枝花纹交泰转心瓶……

这么多绝世"好瓶"，记得给好评哦！

45

什么是考古？

考古是寻找古人的痕迹！

考古就是探险！
找寻宝藏！

考古就是寻找"宝藏"吗？

考古当然不只是寻宝那么简单！

人类的祖先曾创造出许多伟大的文明，但随着时间流逝，它们大多都被埋藏在了历史的尘埃之下。为了让这些失落的文明重见天日，考古学便诞生了！所以，考古工作者并不是在单纯地寻找那些"上了年纪"的瓶瓶罐罐，而是在努力描绘这些文明原来的样子。

如果说法医可以让逝者"说话"，那考古工作者的任务就是让文物"说话"。

自己说说，
你多少岁了？

我比你爷爷的爷爷
还大 500 岁……

考古学研究什么？

考古学研究的必须是实实在在的，看得见、摸得着的东西！

它们可以是遗迹，比如古代的房屋、村落、作坊、寺庙、道路、仓库、水井、坟墓……甚至古人或者动物留下的脚印！

它们也可以是遗物，而遗物又可以被分成两大类：一是文化遗物，比如古人的日用品、装饰品和武器等；二是自然遗物，比如植物的种子、动物的骨骸（hái）等。

考古学和历史学有什么关系？

虽然考古学和历史学都隶属于历史学类专业，但二者其实并不相同。一些学者认为，考古学只是历史学的一个重要分支，历史学包括了考古学；也有一些学者认为，考古学与历史学相互独立，但它们研究的内容又有重叠的部分。然而，不论考古学和历史学有什么关系，历史学的发展都离不开考古学的支撑。

考古学是怎样划分类别的？

按研究的年代范围，考古学可以划分为史前考古学、原史考古学和历史考古学。

按研究的地域范围，考古学可以划分为亚洲考古学、美洲考古学、非洲考古学等。

从研究的具体对象和内容来讲，考古学又可分为美术考古学、宗教考古学、古钱学、古文字学和铭刻学等。

从所用手段和方法来讲，考古学还可分为航空考古学、水下考古学等。

💡 **你知道吗？**

中国考古的前身，是北宋以来的金石学，也就是以古代铜器和石刻为研究对象的学问。《考古图》《金石录》《宣和博古图》等著作都是早期金石学的代表。

考古有什么用?

考古也不能当
饭吃啊……

考古源于人类的好奇心?

人类最早是什么时候出现的?

古人是怎么生活的?他们也爱养宠物吗?

其实,许多学科的创立一开始都源于人类的好奇心,考古也一样。我们好奇古人是怎么工作和生活的,所以我们发掘遗址、修复遗物,并从中寻找有用的线索。

补全历史拼图中缺失的"碎片"

你不觉得人类的整部历史就像一张巨大的拼图吗?

可惜的是,这张拼图缺少了很多重要的部分。要想仅靠文献资料上的图画、文字就把这张拼图拼凑完整,这无异于天方夜谭(tán)!而考古的成果,恰恰可以填补那些无文字可考的历史,帮助我们寻找这张拼图上遗失的部分。

"谣言粉碎机"

传说,曹操因担心自己的坟墓被人挖开,特地在今河北磁县、临漳(zhāng)县一带造了七十二个疑冢(zhǒng),也就是为迷惑人而虚设的坟墓。

这个传说可能最早起源于北宋时期。随着口口相传及历代文人的创作,它的内容也变得越来越离奇。直到一千多年后的今天,仍有很多人在讨论这个传说到底是不是真的。事实上,考古工作者在对磁县北朝古墓群的发掘过程中,根本没有发现什么"七十二疑冢"。虽然这里的古代坟墓的确很多,但它们与曹操可没有任何关系!

吸取前车之鉴

古人云：以史为鉴，可以知兴替。

古人云：吃一堑（qiàn），长一智……

古人也曾历经种种挫折，犯下过不少错误，比如，过度砍伐森林导致生态破坏，频繁发起战争让百姓流离失所、食不果腹……

考古通过研究古代人类社会的得与失，让今天的我们能够引以为戒，避免重蹈覆（fù）辙！

我要还原历史真相！

我负责拼接历史碎片！

我让大家少踩坑！

考古需要什么"武器"？

手拿洛阳铲，
考古我不怕……

考古学者也用大名鼎鼎的"洛阳铲"？

由于近些年流行的各类小说和影视剧，许多人对洛阳铲这个既能挖掘又能采样的工具已经不陌生了！许多人认为洛阳铲是由盗墓贼发明的。其实，较为可信的说法是，洛阳铲是由古代检验工程的工具演化而来的。现在，很多考古学者都会在实际考古活动中使用这种神奇的工具。在对安阳殷（yīn）墟（xū）和洛阳偃（yǎn）师商城遗址等古城址的勘（kān）探过程中，洛阳铲也出了一份力！

人手一把的小铲子竟有如此妙用？

考古专家可离不开我……

考古学者勘探时用洛阳铲，那他们发掘时用什么呢？

手铲是考古发掘工作中的一大"神器"。工作时，几乎每个考古学者都要有一把适合自己的手铲。

看起来普普通通的手铲其实有很多种用途，它既可以用来刮面、挖土，也常被用来划定土层界限……

给你看看我的
考古宝贝！

接地气的神秘"武器"

在发掘遗址的过程中，除了手铲，考古学者还会用到很多接地气的工具。比如，用来清洁文物表面覆土的竹签、毛刷和喷壶，给文物贴上"身份证"的标签，盛放文物使用的编织袋，用来过筛细小文物的筛网以及用来对比土壤颜色的土壤色卡……

虽然这些工具看似不起眼，但它们却能在考古活动中发挥大作用！

现代科技在考古发掘中有什么作用？

在一些影视剧里，我们常常看到这样的场景：有些角色只需要找到某个星星的位置，就能找到古墓位置。其实，这种场景不太可能会出现在现实生活中，那我们的考古学家要借助些什么工具呢？

探地雷达、磁力仪、声呐仪器、GPS 设备等为勘探工作省下了不少力气！经过多年的尝试，许多现代科技都被完美地应用在了考古工作中。

💡 你知道吗？

三星堆遗址的发掘工作充满了"高科技"！除了能自由控制温度和湿度、易于升降的全透明"考古舱"外，显微红外光谱仪、激光共聚焦拉曼光谱仪、扫描电镜能谱仪、激光粒度仪、人体骨骼测量仪等先进设备，在漫长的发掘工作中也起到了大作用！

哇，考古专家的高科技神器！

打捞水下宝藏，比登天都难……

听说这下面有个大宝藏，要是能找到，咱们就吃喝不愁了！

水下考古就是"海底捞宝"？

水下考古是如何出现的呢？

在很多探险故事中，价值连城的宝藏都被藏在海底——是的，这些作家并没有骗人！在某种意义上，正是人类对于水下宝藏的渴求，才产生了最原始的水下考古活动。不过，直到 1960 年，美国考古学家乔治·巴斯主持了对土耳其格里多亚角海域沉船的水下考古挖掘，这才标志着水下考古学的正式诞生。

看我姿势酷不？

海底捞宝和水下考古有区别吗？

虽说也有些人会下潜到海底寻找文物，但这和水下考古完全是两回事！水下考古的目的不是获取财富，而是进行科学的考察并通过发现更丰富、更珍贵的文物来探索人类的过去。

中国水下考古是什么时候开始的？

1985 年，一个名叫米歇尔·哈彻的英国人发了"一笔横财"，这是因为他把从中国海域打捞出来的文物——康熙年间的青花瓷器送去拍卖了。这不但引发了国际考古学界的强烈不满，也让中国政府和文物部门开始重视水下考古工作。1987 年，中国历史博物馆设立了当时中国唯一的水下考古专业机构——水下考古学研究室。

水下考古不是简单的"捞鱼"！

如果你认为水下考古就像"捞鱼"一样简单，那你就大错特错了！想要让水下考古工作顺利进行，考古学者要借助许多种先进的科学技术，比如潜水工程技术、海洋探测技术等。

让我们来简要介绍一下，该如何寻找水下"宝藏"吧！

第一步：使用声学或磁学设备（比如声呐、海洋磁力仪等）检测水底有没有遗物或遗迹。

第二步：如果发现有遗物或遗迹，就要采用 GPS（全球定位系统）设备来进行定位。

第三步：派水下考古队员和水下机器人去定位地点探查，获取实物和影像资料。

💡 你知道吗？

截至目前，在中国海域内发现的"南海Ⅰ号"是世界海上沉船中年代最早、船体最大、保存最完整的远洋贸易商船。这艘木质的商船，在南宋初期通过海上丝绸之路向外运送瓷器时，失事沉没在了广东境内。2022 年，"南海Ⅰ号"的发掘工作结束，出水文物总数超过 18 万件。

化石里藏着什么秘密？

化石不就是石头吗？石头里能有什么秘密？

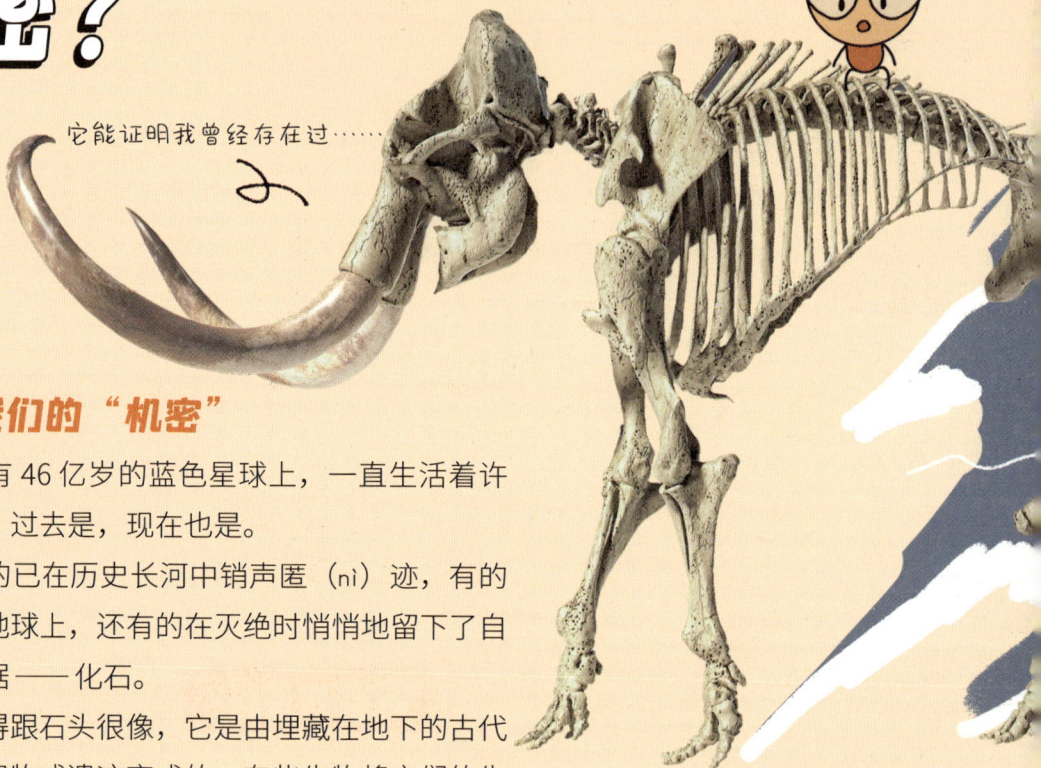

它能证明我曾经存在过……

地球留给我们的"机密"

在这颗约有 46 亿岁的蓝色星球上，一直生活着许许多多的生物，过去是，现在也是。

其中，有的已在历史长河中销声匿（nì）迹，有的至今仍活跃在地球上，还有的在灭绝时悄悄地留下了自己存在过的证据——化石。

化石，长得跟石头很像，它是由埋藏在地下的古代生物的遗体、遗物或遗迹变成的。有些生物将它们的生活方式、条件、活动轨迹等"机密"藏在了化石里，让亿万年后的我们有机会去认识它们、了解它们。

化石能证明我曾经来过地球。

你就是"天选之子"！

不是所有生物都能变成化石！

能以化石的形态继续存在于地球上的生物，都是"天选之子"！不过，一种生物在同一个地方的死亡数量越多，它变成化石的概率越大。所以，大多数化石一般都是由集体死亡的生物变成的。

死去的生物的遗体被泥土所掩埋，其中坚硬的部分，比如骨、角、齿等，经过上亿年的漫长岁月，最终变成跟石头一样的东西，被完整地保存了下来。

化石中最古老的"眼睛"

目前，大多数科学家认为，世界上第一个拥有眼睛的生物是三叶虫。

三叶虫是一种生活在寒武纪时期的节肢动物，是具有代表性的远古动物。它们的眼睛极有可能是为了躲避捕食者而进化出来的。值得一提的是，科学家发现，三叶虫的眼睛内部结构和现代昆虫的极为相似。

约 5 亿年后

最早的生命证据

低等藻类或菌类在生长和生活过程中会分泌或沉积碳酸盐，并由此形成一种具有独特花纹的化石——叠层石。你能想到吗？一块发现于格陵兰岛，可以追溯（sù）到 37 亿年前的叠层石，竟是迄（qì）今为止代表生命存在的最古老的化石！有些科学家认为，它记录了古细菌群的生命活动。

📖 知识加油站

按保存特点来说，化石可分为实体化石、模铸（zhù）化石、遗迹化石和化学化石四大类。

实体化石：古生物遗体本身几乎全部或部分被保存下来的化石。

模铸化石：生物遗体在地层或围岩中留下的印模或复铸物。

遗迹化石：保留在岩层中的古生物生活、活动的痕迹和遗物，其中足迹最为重要。

化学化石：古生物遗体虽被破坏，但岩层中残留的可证明生物存在的化学分子结构的化石。

人和动物的遗骸里藏着什么秘密？

遗骸就是骨头，能有啥秘密？

我藏了一肚子秘密，听我说两句？

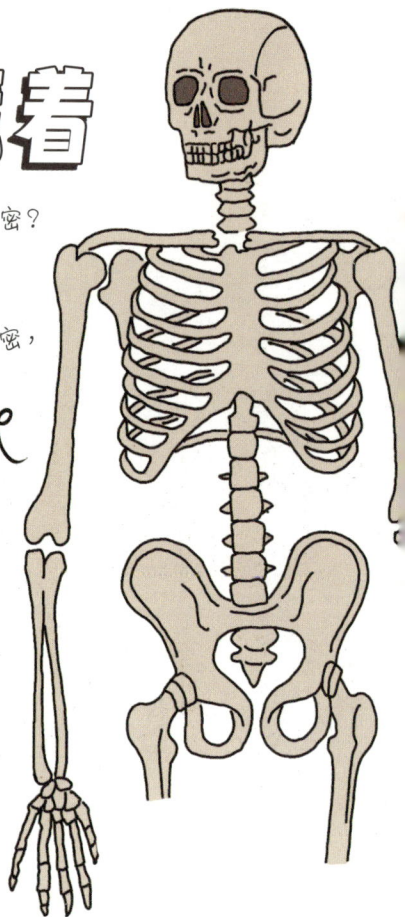

人类遗骸在考古学中的重要性

当我们谈到考古学时，通常会想到陶器、青铜器、玉器、金银珠宝等遗物，墓葬和房址等遗迹，以及动植物、环境等方面的科技和冶金、制陶等工艺。然而，我们往往忽略了人类自身在考古学中的重要性。这种忽视可能源于人们对人类遗骸的忌（jì）讳（huì），因为与古人遗留下来的奇珍异宝相比，人类遗骸的出土量更大，因此往往容易被忽视。然而，随着科技的进步和考古工作的深入，人类遗骸的价值越来越凸显。

考古界的"法医"

当人们意识到研究人类遗骸也非常重要后，人类骨骼考古学就诞生了！人类骨骼考古学是专门研究人类遗骸的学科。和法医一样，人类骨骼考古学者也可以通过"死者"的一部分骨骼来判断他的性别、年龄、死因甚至职业。对古代人类遗骸的研究，可以帮助我们更全面地认识古代社会，了解古人的饮食结构、健康状况、婚俗习惯、文化观念和社会制度等信息。

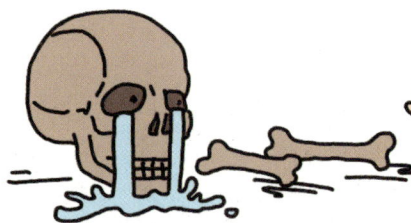

已发现的中国唯一大型史前灾难遗址

在青藏高原和黄土高原的交界处，曾有一处古代城址在顷刻间消失不见，这就是喇家遗址。

在发掘过程中，考古学家先后从这个遗址里清理出多具保存完好的人类遗骸。其中，既有怀抱着婴儿的人，也有奋力救助亲人的人，还有苦苦支撑着房顶的人……

喇家遗址的发现，一时震惊中外。据考证，在这里死去的人们很可能经历了史无前例的自然灾难。

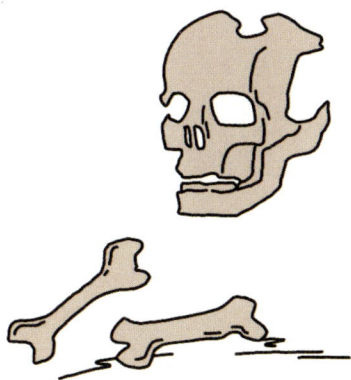

改变历史记录的鱼类化石

谁能想到一条鱼也有改变历史记录的力量？2022 年 9 月，中国科学家在重庆地区的志留纪早期地层中发现了距今约 4.39 亿至 4.36 亿年的鱼类化石。这一发现将完整有颌脊椎动物的化石记录向前推进了 1100 万年！而发现这些化石的地方——重庆特异埋藏化石库，是目前世界上唯一保存志留纪早期完整有颌（hé）类化石的特异埋藏化石库。

💡 你知道吗？

近年来，由于全球变暖的影响，被埋藏在冻土层约 4 万年的动物遗骸被发现，然而此次发现却让人喜忧参（cān）半……

一方面，研究人员可以通过遗骸"穿越"回数万年前，对那个时期的气候和环境进行研究。另一方面，这些遗骸可能携（xié）带着某种仍具有活性的细菌或病毒，给人类带来巨大的危机。

考古学家每天都在干什么？

考古学家每天都在干啥？

大战"僵尸"呗……

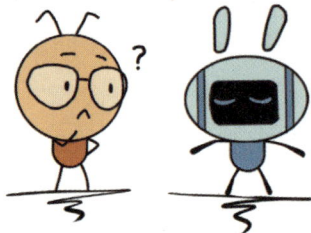

初步了解，"纸上谈兵"

大家对考古学家的印象好像都是面朝黄土背朝天，每天都在"挖挖挖"。当然，这只是考古工作的一部分，其实考古学家还有许多工作要做呢！

发掘一个遗址之前，考古学家一般会利用地图、历史文献、遥感照片等，先获得关于遗址的一些线索。此外，申请发掘许可证、制订发掘计划、准备发掘工具，都是发掘遗址前必不可少的步骤。

实地勘探，小试牛刀

到达发掘现场后，考古学家就要对这里的地形和地层进行详细的观察与研究。他们要思考怎么样才能利用地形的各种断面，比如沟沿、路边或者山崖等，寻找揭开遗址面纱的最佳方案。

万事俱备，只等"挖坑"

做了那么多准备工作，大家等的就是这一刻！

具体的发掘方法要根据发掘对象而定。不过，挖探沟是最常见的发掘方法。探沟就是考古发掘中所开的狭长的沟，面积可大可小，每一沟就是一个工作单位。

大面积揭露遗址时，考古学者所开掘的方形或长方形的"沟"，被称为"探方"。每个探方都有自己的编号，从不同探方出土的各种遗物也会有自己的编号。

发掘墓葬则采用"四分法"，考古学者需要仔细清理棺椁（guǒ）、遗骸、随葬品等。但无论发掘什么样的遗址，都不能放过任何蛛丝马迹，哪怕是地上的车辙印或脚印！

发掘完毕，鸣金收兵

到了这一步，考古工作已经差不多结束了。

几乎没人能做到过目不忘，所以考古学者在整个过程中都会仔细地做好记录工作！

除了摄像、绘图和文字记录外，他们在必要的时候也会制作模型、拓（tà）印等。

一些学者还要出具工作报告，来讲述他们在发掘工作中产生的问题、疑虑、推测等，为之后的研究工作提供思路。

💡 你知道吗？

考古学者在工作时要注意些什么？

1. 不要坐在探方里。
2. 不要一脚踩在别人的工作成果上。
3. 不要把刚清理出来的文物碎片乱放。
4. 要对遗迹和遗物充满敬畏心。
5. 切勿搞"个人收藏"，这会触犯法律。

……

出土文物将如何保护？

埋回去最安全吧？

珍贵脆弱的"地下常住民"

历经"九九八十一难"才得以重见天日的文物可是相当脆弱的！通常情况下，文物一出土，考古学者就会对它们立即展开"救援"。比如，使用材质柔软的工具清理它们的表面，或者对它们进行临时加固。在考古现场，工作人员只会为文物进行最基础的清理，一般只要能辨别出器物的材质和基本轮廓就可以了。等到文物被妥善保管起来时，负责文物保护的专家会再次评估文物的受损情况，并制定合理的修复方法。

谁是文物"脱皮"的罪魁祸首？

我的任务是保证你的安全。

你太磨蹭了……

许多文物在地下时还"栩（xǔ）栩如生"，怎么一出土就开始脱皮干裂呢？温度和湿度的急剧变化就是导致它们面目全非的"元凶"！尤其是一些漆木器，当保存它们的环境突然发生变化时，它们很可能会脱皮、开裂。因此，文物出土后需要被保存在一个可以控制湿度和温度的环境中。通常情况下，有些含水率高、劣（liè）化程度高的文物会被浸泡在清水里，有些含水率低的文物会被密封起来，有些需要保持干燥的文物则会和特制的干燥剂放在一起。

地上空气太干了，我要回地下去……

60

被迫成为蛀虫"温床"的文物

文物在地底下的日子也不好过，因为它们一个不小心就会成为被蛀虫觊(jì)觎(yú)的香饽(bō)饽！尤其是那些富含有机营养物质的文物，各种昆虫和微生物非常喜欢在里面生长、繁殖。由于伤害文物的昆虫一般都有喜温畏(wèi)寒、喜湿畏干、喜暗畏光的特性，所以考古学家经常会使用熏蒸剂来保护文物。

"见不得光"的古物

空气质量差的时候，人都要戴口罩，更何况是"初上地面"的文物呢！空气中的细菌、真菌、酸性氧化物都是出土文物害怕的对象，它们会对文物造成不同程度的侵蚀(shí)和腐蚀，使文物变色、褪(tuì)色甚至粉化。考古学家们通常会使用食品保鲜膜或黑色塑料袋等对文物进行密封和避光保护。近年来，氮(dàn)气保护技术在文物保护领域也开始广泛应用。

好刺眼！快来人护驾！

💡 你知道吗？

发掘出来的文物，最后都去哪儿了？出于对文物的保护，不是所有文物都会被展出在博物馆里。比如，数量巨大、雷同性高的陶器、墓砖等，很多都会在做好标记后被埋回去。常见的、没什么特色的文物，一般会被放在考古所的库房里保存。而那些具有特别意义的文物，当然是展示出来给大家看啦！

修复一件文物有多难？

修复文物不就是补个窟窿吗？

你想得太简单了……

史上最难的"拼图游戏"

如果说经过地震、洪水、战争、盗墓等天灾人祸后，文物仍能重现世间，这已是一件难事，那么，使支离破碎的文物恢复如初，就是一件难上加难的事情！修复一件文物的时间，少则几个月，多则数十年。著名的马王堆帛（bó）书，被发现时已是水浸霉蚀、互相粘连，修复起来困难重重。我国的考古学家花了十几年的时间也没有完全将它上面的内容整理出来！

为文物"治病"的人

一名文物修复工作者，不光要有高超的修复手艺，还要兼备对历史、考古、鉴定、化学、美术、金属工艺等多学科的认知，只有这样才能恰到好处地还原古物的本貌！

修复过程是冗（rǒng）长而枯燥的，需要文物修复工作者有极强的专注力和耐心。如此严苛（kē）的专业要求，导致文物修复工作者十分稀缺。

碎块整理

去锈

从"一地碎片"到"重现光彩"

你在博物馆里看到的许多古朴厚重的青铜器，刚发现时可能都只是些大大小小的碎片！若想让这些支离破碎的碎片重现昔（xī）日的风采，往往会经历碎块整理、去锈、恢复整形、拼接、焊（hàn）接、粘接、补配缺失部位、作色等多个修复步骤。修复后的模样和出土时的模样，简直是"判若两人"！

整形

拼接、焊接、粘接

补配

作色

圆明园10万碎瓷片能拼出6件瓷器?

2019年,圆明园启动"修复1860"项目,针对10万瓷器碎片展开修复工作。在第一批修复的6件官窑瓷器中,直径仅40厘米的青花缠枝莲纹瓷绣墩(dūn)由132件碎片修复而成,康熙款团龙纹瓷碗则是由285件碎片修复而成……

在没有参考图的情况下,考古学家要把这几百件碎片从数以万计的碎片中挑出来,就如大海捞针,而这只是开始……

可想而知,这次文物修复工作的难度有多大、耗时有多长!

💡 **你知道吗?**

修复文物就是把文物变漂亮吗?当然不是!

1. 要尽可能保留文物现状和原有结构。

2. 现在的修复方法不可以影响今后的再修复工作。

3. 修复时所选用的材料要天然、无污染。

4. 材料和工艺要与文物本身的相接近,确保文物的整体协调性。

秦始皇陵青铜马车修复前后对比图

《五牛图》修复前后对比图

恐龙化石是怎么形成的？

我的化石证明我曾统治过地球……

以"石"为证的远古生物

恐龙诞生在两亿多年前的中生代。当时，它们是地球的绝对统治者！没有人亲眼见过恐龙，我们只能从恐龙化石中了解这个神奇的物种。

恐龙死后，它的遗骸很快被沉积物或水下泥沙覆盖，随着时间的流逝，它的皮肉、内脏等软组织腐败消失，而硬质的骨骼沉积在泥沙中，经历亿万年后变成了像石头一样硬的东西，被保存了下来，这就是恐龙化石形成的过程。若干年后，由于地球的地壳运动、自然气象变化等原因，恐龙化石才有机会重新暴露或被我们发现。

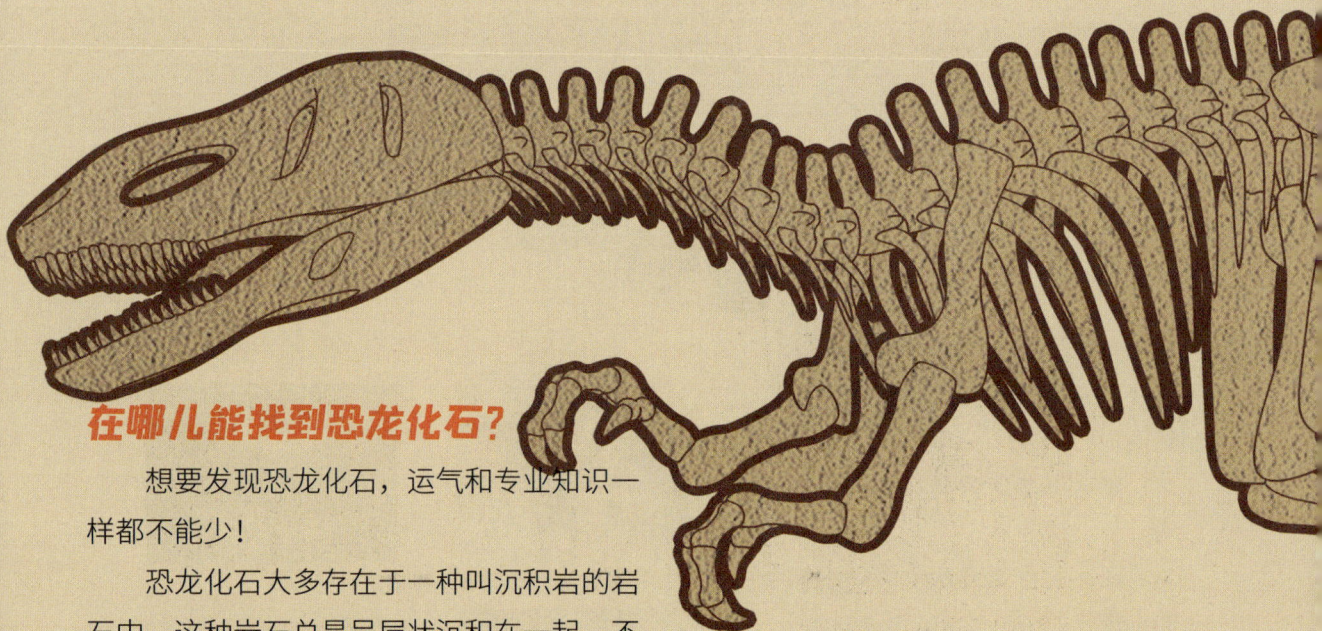

在哪儿能找到恐龙化石？

想要发现恐龙化石，运气和专业知识一样都不能少！

恐龙化石大多存在于一种叫沉积岩的岩石中，这种岩石总是呈层状沉积在一起。不同层的沉积岩来自不同的时代。恐龙化石主要保存在中生代时期形成的沉积岩中。

考古学者工作有时会有目标地去寻找特定的岩石。

中国第一个大型恐龙博物馆

四川自贡可以说是侏（zhū）罗纪时代恐龙的老家了，这里至今已累计发现化石埋藏点近 200 处！

自贡恐龙动物群更是涵盖了侏罗纪三个不同时期的恐龙群组合。

20 世纪 80 年代中期，中国第一座大型恐龙遗址博物馆——自贡恐龙博物馆建成开放。它与美国犹他州国立恐龙公园、加拿大阿尔伯塔省立恐龙公园齐名，并称为世界三大恐龙博物馆！

恐龙化石曾被错认为巨型人类的骨骼？

人类当然不是一开始就能认出这是恐龙化石。

很久之前，他们甚至会把恐龙化石错认为鲨鱼牙齿、贝壳，甚至巨型的人类化石。

对恐龙描述的首个记录，是来自英国牛津大学化学教授罗伯特·普洛特，他曾在 1676 年出版的《牛津郡（jùn）自然史》中，把恐龙的巨大骨骼认成是一个巨型人类的骨骼。

💡 你知道吗？

我们在博物馆看到的雄赳（jiū）赳、气昂昂的恐龙化石，大部分都不是真化石！

恐龙化石从地下被发掘出来后，都会被好好地保存起来，供科学家们研究。

博物馆里展出的恐龙化石，通常是用一种特殊的玻璃纤维物质造出的仿真化石模型。

当然，也有一些博物馆会展出真的恐龙化石。

陆地上为什么有海洋生物化石？

为什么陆地上也有海洋生物化石？

它喜欢脚踏实地呗……

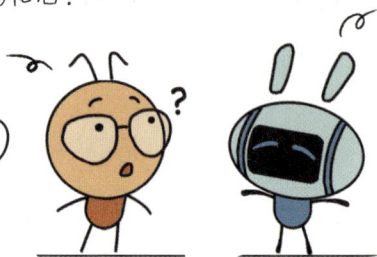

从化石中窥见青藏高原剧变史

"沧海桑田""海枯石烂"原来并不是古人想象出来的！几十亿年间，地球经历过无数次的地质变迁。在地质运动的作用下，曾经的海洋变成了高山，而巍（wēi）峨的高山变为了海洋。这已不再是一种假说，而是地球上真实发生过的事，因为人类已经找到许多确凿的证据。被称为"世界屋脊"的青藏高原就是板块运动的产物，考古学家在这里挖出了很多古老的海洋生物化石。

从海洋到陆地的"史前海怪"

早在恐龙称霸陆地前，海洋里就出现了"海上霸主"！这是一种已经灭绝的、生活在海洋里的中生代爬行动物，名叫鱼龙。它长着尖尖的嘴巴，牙齿极其锋利，身长 10 米有余。

喜马拉雅鱼龙化石

20 世纪 60 年代，我国科研人员在珠穆朗玛峰地区曾采集到鱼龙的化石。2023 年 5 月，国家考察队员再次在珠穆朗玛峰地区发现了新的喜马拉雅鱼龙化石，这为人类了解地壳板块运动和生命演化过程提供了重要的研究材料。

陆地上的远古海洋奇石

现在的浏（liú）阳，曾经是一片大海？2023 年 1 月，有人在浏阳高坪（píng）发现了许多形状各异的奇怪岩石。经地质专家考察后，认定这些奇石均源自远古时期的海洋，并以海百合化石、丛状珊瑚化石、蜂巢珊瑚化石为主，距今已有近 4 亿年。

海洋生物化石，是记录地球地质变迁的最好的"文字"。根据被发现的这些化石，我们可以推断出浏阳高坪在远古时期是一片浅海，这里生活着丰富的浅海生物。

💡 你知道吗？

昔日的"海上霸主"鱼龙，与之相比毫不逊色的蛇颈龙、巨型海星、海蜗牛……如果它们的化石没有被发掘出来，谁又能相信世界上曾经存在过这些体型巨大的海洋生物呢？

海洋生物化石的发现，让今天的我们能够重新了解古代海洋生态系统和生物的多样性，更时刻提醒着我们保护海洋环境和生物多样性的重要性！

在恐龙蛋里发现了什么？

是先有我，还是先有蛋？

藏着恐龙灭绝秘密的"宝贝疙瘩"

谁能想到，这些圆溜溜的"石头"，竟然藏着恐龙灭绝的秘密！这些未被孵（fū）化的"小恐龙"，可以帮助我们了解恐龙生存时期的生态环境，探索恐龙的繁殖习性，研究恐龙的灭绝原因！在对恐龙蛋化石进行研究后，有些科学家推测，很可能是当时的环境突然发生了变化，导致恐龙蛋无法正常孵化，并最终造成了恐龙的灭亡。

恐龙蛋壳为什么越来越薄？

科学家发现，在中国山东、广东以及法国南部地区出土的恐龙蛋，按年代的久远程度从早到晚排列，它们的蛋壳会越来越薄。也就是说，到了恐龙时代的最后一个时期——白垩（è）纪，恐龙蛋的蛋壳有着变薄的趋势。

这是为什么呢？原来，在白垩纪末期，地球的气候发生了剧烈的变化，本来温暖潮湿的气候渐渐变得干燥而寒冷。这种变化直接伤害了恐龙妈妈的身体，让它们生出了许多"不合格"的恐龙蛋。蛋壳越来越薄，意味着蛋壳中的钙质越来越少。

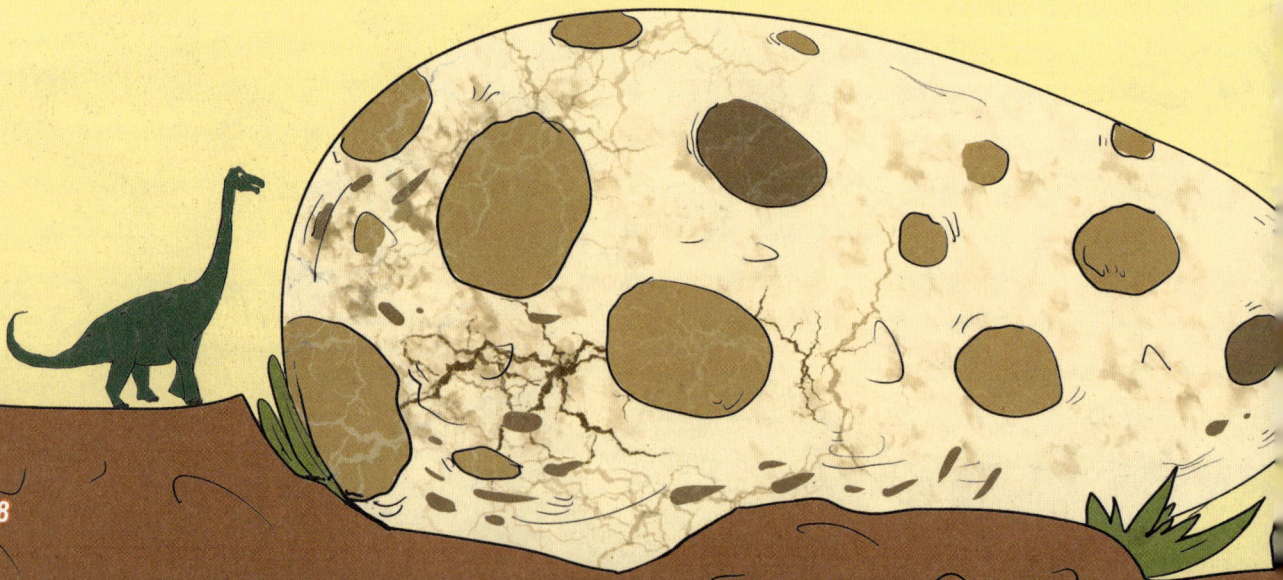

为什么中国的恐龙蛋世界闻名？

在古生物学界，中国的恐龙蛋化石是举世无双的。这主要因为在中国出土的恐龙蛋化石实在是数量太多、种类太丰富了，甚至超过了其他国家恐龙蛋化石的总和。而中国之所以"盛产"恐龙蛋化石，很大一部分原因可能是这里在中生代有着温度适宜、光照充足、雨水充沛的自然气候条件，非常适合恐龙生活和繁殖。

获吉尼斯世界纪录的恐龙之乡

提到恐龙之乡，就不得不说广东河源了。河源是世界罕见的集恐龙蛋、恐龙骨骼和恐龙脚印化石"三位一体"的出土地。据说，河源人修马路能挖出恐龙蛋化石，修自来水管道能挖出恐龙蛋化石，小孩在江边玩也能发现恐龙蛋化石……

2004 年，河源恐龙博物馆以馆藏恐龙蛋化石 10008 枚荣获吉尼斯世界纪录。截至 2022 年 10 月，该馆恐龙蛋馆藏量已超过 2 万枚，数量仍居世界之首！

💡 你知道吗？

科学家一直没有放弃寻找恐龙灭绝的原因。除了现在比较流行的小行星撞击假说，也有一些人认为是地球本身的地壳运动造成了恐龙的灭绝，并提出了印度德干火山爆发等假说。但无论是哪种说法，它们大都与地球上的地质灾害有关。

甲骨文是汉字的源头吗？

甲骨文好艺术啊！

甲骨文是汉字最原始的模样

　　汉字的演变经历了非常漫长的过程，它的雏形是距今三千多年的商周时期的甲骨文。甲骨文是刻在龟甲或兽骨上的文字，因而也被称为"契文""龟甲文字"。甲骨文最早发现于河南省安阳市小屯村及其周围——也就是现在的殷墟遗址，所以人们也把甲骨文称为"殷墟文字"。

商朝人个个都是雕刻大师啊！

甲骨可用作药材治病？

关于甲骨文的发现，有一个啼笑皆非的小故事。

相传，清末年间，河南安阳的农民在种地时挖出了许多碎骨片。于是，有一些黑心商人便把这些碎骨片包装成了"包治百病"的药材——"龙骨"，卖给了不知情的百姓们。因此，许多记录商代历史的甲骨被磨成了骨粉，进到了人们的肚子里。

直到有位金石学家在买药时看到上面的奇怪符号，他突然意识到这些碎骨片可能具有其他意义。之后，经长时间的考证，人们发现原来这些碎骨片上的符号来自于商朝时期。

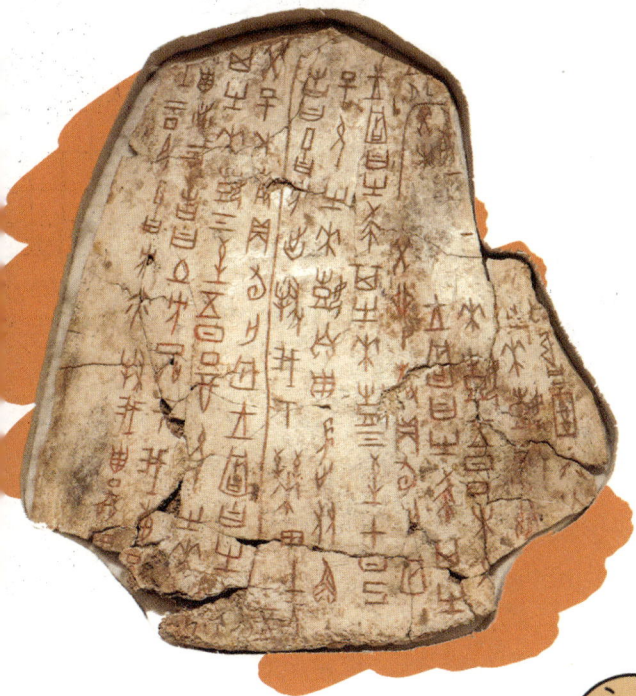

哇，它已经三千多岁了！

甲骨文是用来算命的？

在 3000 多年前的商朝，上至战争、祭祀等国家大事，下至气候、田猎、病患、出门等小事，王室贵族都要求神问卜，而甲骨文上记载的就是卜辞，内容包括占卜人姓名、占卜所问之事及占卜日期。因此，甲骨文的内容相当丰富，几乎涉及了商朝社会生活的方方面面。

令世界瞩目的殷墟考古

殷墟之所以成为世界文化遗产，并被列为 20 世纪中国"100 项重大考古发现"之首，不仅因为它是中国历史上第一个有文献可依、有实物可考的都城遗址，更在于它的发现与发掘确立了中国考古学的国际地位。从 1928 年考古发掘至今，我国考古学家在殷墟先后发现宫殿、作坊、陵墓等遗迹以及大量生产工具、生活用具、礼乐器和甲骨等遗物。

💡 你知道吗？

在已识的文字中，甲骨文是最古老的文字。迄今为止，已发现的甲骨文单字有4500字左右，可认识的约1700字。

秦兵马俑是用活人做的吗？

根本不可能！

听说有个"网红"就是从兵马俑里跑出来的……

兵马俑里面是真人吗？

被誉为"世界十大古墓稀世珍宝之一"的秦兵马俑（yǒng），都是用真人烧制的吗？自发掘那天起，就有人怀疑活灵活现、自然逼真的兵马俑是用活人制成的。这个谣言直到一尊兵马俑裂开才不攻自破。是的，兵马俑里面是空心的，没有任何活人被包裹进去的痕迹！事实上，即便只从外面看，也会发现陶俑的躯干和四肢有模具制作的痕迹。

我也穿上铠甲体验下兵马俑的感觉！

兵马俑是如何被发现的？

1974 年的春天，陕西省临潼（tóng）县（今临潼区）西杨村的几个农民在抗旱打井时无意中挖出了许多奇怪的瓦片和陶片。起初，这些农民以为这些碎片只是古人留下的垃圾，但当他们继续挖掘时，竟然发现了一个形象逼真的人头雕像。文物专家闻讯赶到现场进行考察，一个沉睡了 2000 多年的地下军团就此"复活"。

秦始皇为什么要建造兵马俑？

就算放在科技发达的今天，建造规模如此庞大的兵马俑坑也是一项充满挑战的大型工程。那么，秦始皇为什么要花费那么多的人力、物力、财力和时间，来做这些兵马俑呢？实际上，这些陶兵马雕塑群都是秦始皇的随葬品。从战国时期开始，统治者就已经逐渐认识到人口的重要性，开始流行用俑代替活人，陪死者下葬。秦兵马俑就是以俑代人殉（xùn）葬的典型和巅峰。

"灰头土脸"的人俑也曾绚烂鲜活

如今，我们看到的兵马俑都是厚重的灰黑色。不过，刚出土时的它们却穿着色彩鲜艳的衣服。据说，兵马俑出土后 15 秒就开始褪色变化，15 秒啊，连给它们拍照的时间都不够！生漆失水开裂、自然环境侵蚀、紫外线破坏等都是导致兵马俑灰扑扑的原因。目前，科学家选用了喷涂法、点涂法、注入法等保护工艺，正在对它们进行有效地保护。

为什么秦始皇陵至今没有被发掘完？

听说这里机关重重……

好想知道里面到底藏着什么宝贝……

听说地宫里用水银做了百川江河大海！

为什么不发掘秦始皇陵了？

发掘秦始皇陵是一个巨大而艰难的工程，它不仅需要花费大量的财力、物力和时间，而且还需要非常高的考古技术和文物保护技术，保证在发掘过程中保护遗址和文物不会受到自然因素和人为因素的破坏。而以我们目前的技术，暂时还达不到这个要求。此外，秦始皇陵深入地下数十米，而且布局复杂，里面"机关"重重，这对于考古工作者来说有着很大的安全隐患。作为珍贵的文化遗产，秦始皇陵的价值不可估量。如果没有做好充足的准备而仓促发掘，就很可能会对文物造成不可逆转的破坏。

秦始皇陵的发现有什么价值？

作为震惊中外的考古发现，秦始皇陵的历史价值不可估量！秦始皇建立了中国历史上第一个统一的中央集权的封建国家——秦朝。为了在死后也能享尽荣华富贵，他仿照秦朝的都城——咸阳，设计并建造了自己的陵墓。秦始皇陵是世界上规模最大、结构最奇特、内涵最丰富的帝王陵墓之一，我们熟知的兵马俑坑只是秦始皇陵的陪葬坑而已。如果有一天我们能进入秦始皇陵的核心区域，或许会让我们重新认识 2200 年前的秦朝。

秦始皇陵曾被盗过？

有人说，中国皇陵有一半毁于盗墓，那秦始皇陵有没有被盗过呢？据调查，确实有盗墓者曾在秦始皇陵附近打过盗洞，不过，皇陵的核心地宫被很厚的封土所覆盖，盗墓者想要靠人力挖到里面是非常困难的。

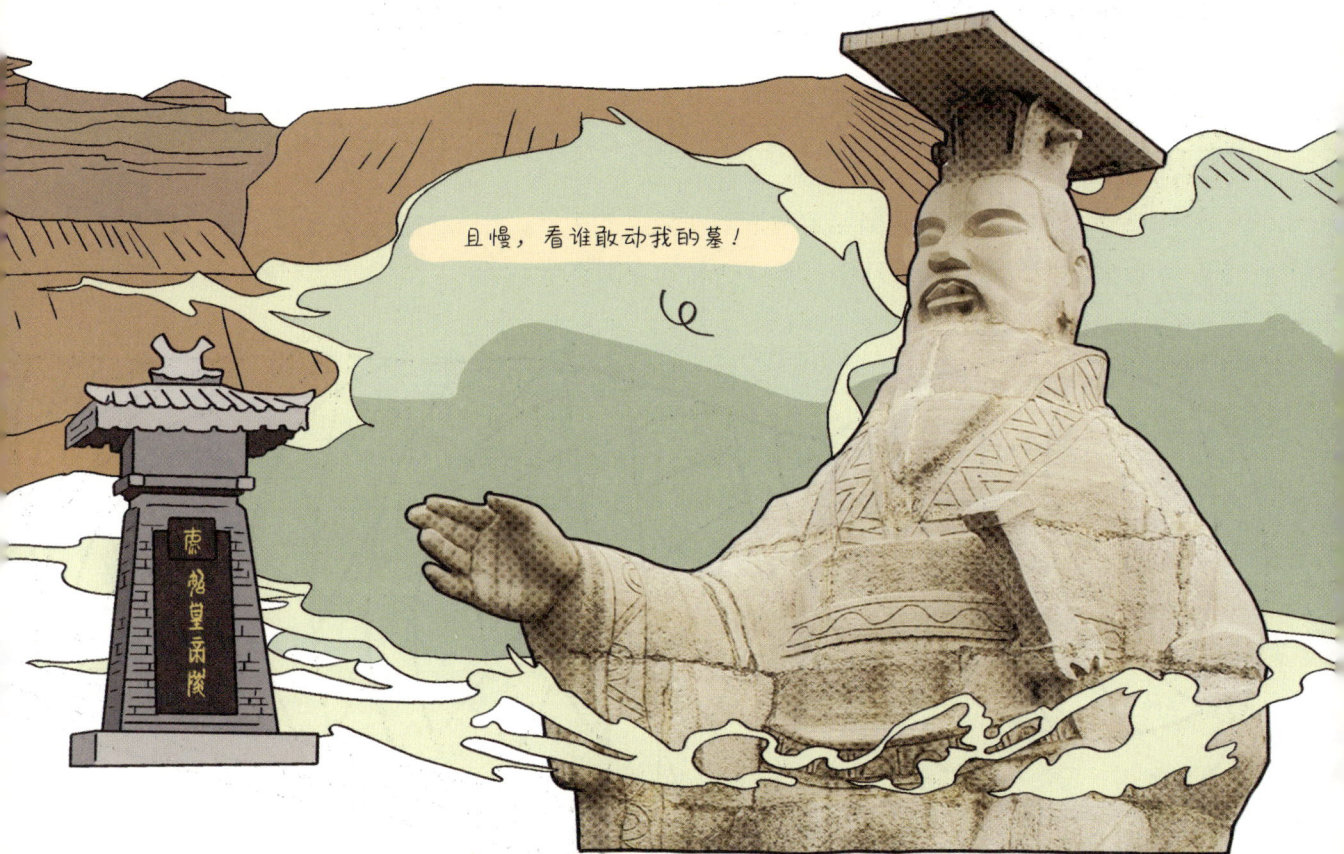

且慢，看谁敢动我的墓！

秦始皇陵

神秘的"水银河"

随着对陪葬坑的发掘，陆续与世人见面的铜车马、石铠（kǎi）甲、百戏俑、青铜鼎、青铜仙鹤等珍贵文物在世界上引起了巨大的轰动。而它们，也仅仅位于秦始皇陵的外围。《史记》曾记载这座地下宫殿"以水银为百川江河大海，机相灌输"。这并非司马迁的想象，因为现在的科学家通过科学设备发现 —— 秦始皇陵中确实存在巨量的水银！

💡 你知道吗？

20世纪中叶，在对明定陵的发掘过程中，因为技术落后，再加上人们缺乏文物保护意识，所以很多珍贵的文物都被损毁了。此后，我国考古工作者吸取了惨痛的教训，不主动发掘帝王陵也成为考古界的一条铁律。

木乃伊为什么千年不腐?

好害怕木乃伊
会活过来······

木乃伊的起源

木乃伊，就是古埃及人用特定方法制作而成的干尸。因为古埃及人相信人是可以复活的，所以他们把尸体制成木乃伊，希望逝者能死而复生。

木乃伊是怎么制作的?

第一步，用融化的松脂涂在脸上，防止面部干燥得太快；

第二步，把容易腐烂的脑浆、内脏取出来；

第三步，把尸体干燥数天，等待尸体充分脱水后，在里面放入防腐的香料，并细心地缝上切口；

第四步，用芳香油和树脂涂抹全身；

最后，利用树脂的黏性用细麻布将尸体从头到脚包裹起来，一边缠一边涂抹防腐油脂。

就这样，一具千年不腐的木乃伊就制作完成了!

谁会被制作成木乃伊?

由于古埃及人有着共同的信仰，所以他们不管贫富贵贱，死后都可以被制成木乃伊。不过，法老、贵族和富翁的尸体处理方式更烦琐、更费钱。当然，除了人类，有些动物也会被制成木乃伊。

可以给木乃伊做"CT"?

木乃伊们可能都想不到，千百年后的它们也能享受一把高科技——做 CT。CT，就是计算机断层扫描，这是一种医学影像技术。这种技术可以在不损坏文物的情况下，通过三维重建，对木乃伊进行"数字尸检"，确定他们的死因和生活方式。

💡 你知道吗?

我国也有一具堪称完美的"木乃伊"，她就是辛追夫人。辛追夫人的尸体出土于长沙马王堆汉墓，发现时外形保存完整，皮肤光泽有弹性，手指和脚趾纹路清晰可见，甚至关节都可以活动。保存这么好的古尸，简直是世界考古史上的奇迹!

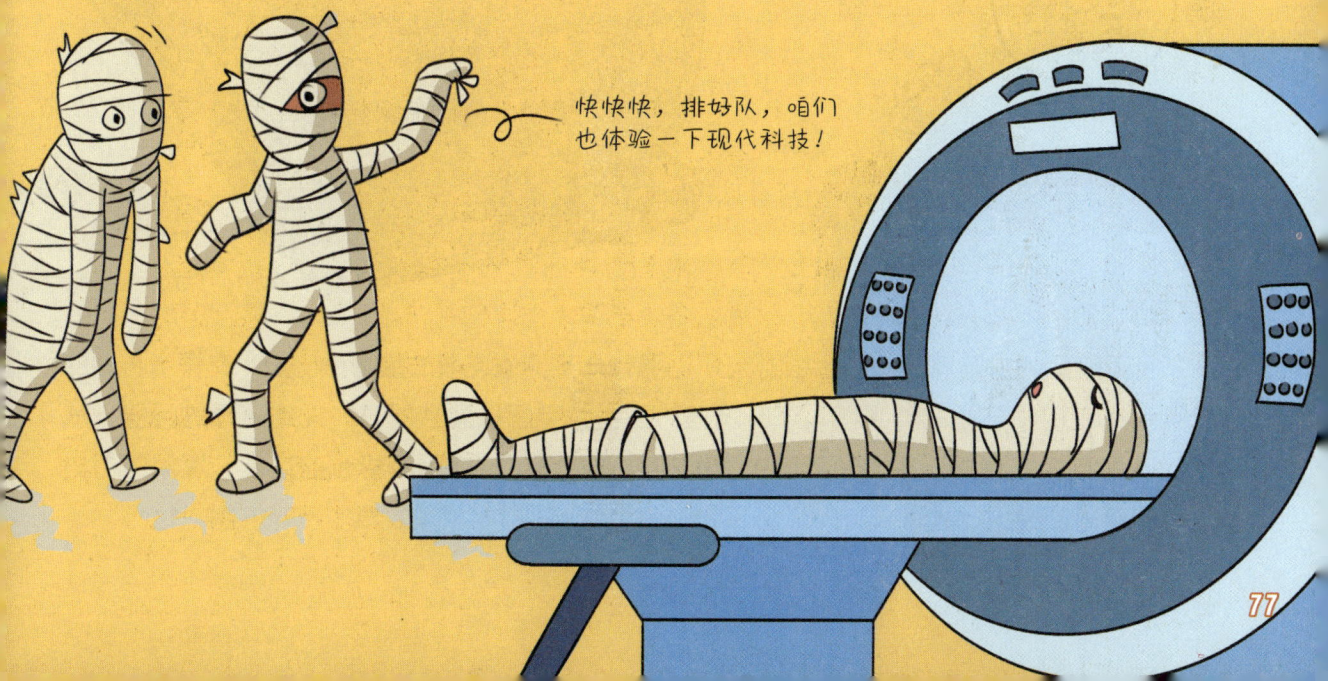

快快快，排好队，咱们也体验一下现代科技!

为什么古代帝王墓有那么多陪葬品？

死后还想继续享受荣华富贵？别做梦了……

为什么要陪葬？

陪葬是古代的一种习俗，陪葬品的数量和价值往往标志着墓主人的身份和地位。在古代，金银、奇珍异宝、牲畜、陶俑等都可能被当作陪葬品。产生这种习俗的原因有很多种，比如古人认为人死后灵魂依然存在，这些陪葬品可以让他在另一个世界继续享受荣华富贵……

就算我死了，这些也要统统带走！

帝王陵墓中的陪葬品

帝王陵墓内的陪葬品除了金银财宝外，更有众多价值连城的宝物，比如：有预示吉凶的甲骨，有专用于祭祀的青铜器，还有陶器、玉器、字画以及兵器等。说到陪葬的兵器，就不能不提在湖北省江陵望山楚墓群中发掘的越王勾践剑，它因其卓越的工艺、深厚的历史底蕴和传奇的经历，被世人誉为"天下第一剑"。

被盗两百多次仍有宝物？

　　秦公一号大墓作为迄今为止中国发掘的先秦时期的最大古墓，曾经历了无数次盗墓者的破坏。考古队到达现场后，竟然发现这里被打了 200 多个盗洞。尽管如此，考古学者仍在墓中发掘出了 3000 多件文物！同时，墓中出现了 186 具殉人，这让秦公一号大墓成为中国自西周以来发现殉人最多的墓葬。

拍卖价格高达一个多亿的乾隆随葬品

　　乾隆肯定想不到，自己陵墓中的一床被子，竟然会被拍出一个多亿的天价！这条被子名叫陀（tuó）罗尼经被，俗称"往生被"，是一种织有金梵（fàn）字经文的随葬物。据说，这种被子起源于元朝，流行于清代，一般只有皇家可以使用。它的制作工艺非常复杂耗时，多个能工巧匠一同制作，也要花上好几年时间。乾隆陵墓被盗后，这块"往生被"便流入了民间。

考古学家是怎么破译玛雅文字的？

破译错了吧！2012年世界末日也没来啊！

2012年

这简直是天书啊！

"从天而降"的玛雅文明

1839 年，美国人约翰·斯蒂芬斯和他的英国队友根据一个神话传说，来到了中美洲洪都拉斯的茂密丛林中寻找神秘的"桃花源"。没想到他们到那里之后，竟然真的发现了一座雄伟神奇的古代宫殿。之后，这个消息不胫（jìng）而走，吸引了一批又一批考察队前来。迄今为止，人们在墨西哥、危地马拉和洪都拉斯等国家共发现了 170 余处玛雅遗址。

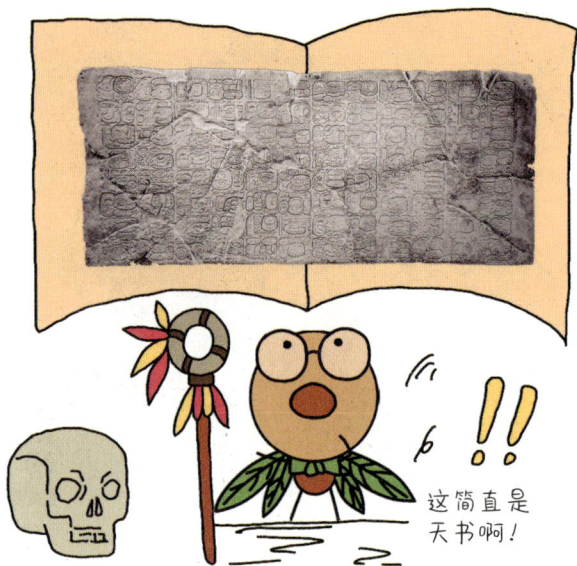

破译玛雅文字曾是世界性难题

动物的羽毛、人的脸、巨大的獠（liáo）牙……谁能想象这是一种文字呢？因为其特殊的字形，玛雅文字的破译曾一度成为世界性难题。不过，仍有很多学者不辞辛苦地投身于破译玛雅文字的工作中。

世界各地的学者破译玛雅文字的方法大不相同：西班牙传教士迭（dié）戈·德·兰达使用历法符号和"玛雅字母表"；苏联研究者尤里·克诺罗索夫坚持象形说；英国考古学家汤姆森从语法、语素中辨别符号……

让我来研究研究玛雅文明是怎么消失的……

幸免于难的玛雅古抄本

玛雅人留下的书并不多，这是因为西班牙人在入侵玛雅文明时，曾烧毁了大量的玛雅书籍。在仅存的玛雅书籍中，常被提及的涉及玛雅人的文字、历法及宗教活动的古抄本有三种：《德累斯顿古抄本》——最详细的刻本，在第二次世界大战时受损，目前已修复；《巴黎古抄本》——保存状况最糟糕，图片和字形已面目全非；《马德里古抄本》——支离破碎，最后被马德里考古博物馆收齐。

玛雅古城是从天而降的吗？

独特的语言是现代玛雅人的标签？

古玛雅已经覆灭，世上还存在玛雅人吗？尽管玛雅古国已然没落，玛雅民族也逐渐淡出人们的视线，但目前仍存留下来五六百万玛雅人。他们分布在墨西哥东南部、危地马拉、洪都拉斯和萨尔瓦多等国。这些现代玛雅人已经很难从相貌上识别出来了，但五百多年的殖民统治也没能改变他们坚持使用自己祖先的语言！

💡 你知道吗？

提到金字塔，大家可能会首先想到古埃及，其实在玛雅遗址也有类似的建筑。

平顶型金字塔：最为常见，平顶上建有庙宇。

尖顶型金字塔：后世遗迹中仅存一座，位于蒂（dì）卡尔城。

陵墓型金字塔：仅一座，位于帕伦克城。

女性	孩子	风，气
眼睛，看	手	日，太阳
火	蛇	香气
斧子	拿，人展开的手	楼梯，脚手架
星星	贝壳	头盔

玛雅象形文字及含义

挖掘古墓时考古学家最担心什么？

怕被"僵尸"追？

不怕僵尸，怕塌方

在盗墓小说里，主人公常常被僵尸追着满墓室跑，然而，在真实的考古工作中，考古人员却从没发现过这种叫"僵尸"的不明生物……进入墓室后，考古人员最害怕的是墓穴坍塌。发掘过程中，墓穴一旦发生坍塌，不仅会导致考古工作中断、墓中文物遭到破坏，更重要的是可能会使墓室中的考古工作人员无法脱身。

你不怕我？

你太小看我们考古学家的胆子了！

不怕鬼神，怕烟头

一提到坟墓，许多人都会想到很多关于鬼神的传说。然而，比起这些虚幻的东西，更让考古专家害怕的是在墓室中看到烟头和矿泉水瓶。因为这些东西的出现，代表着盗墓者已经来过了，而墓穴里的文物也许已经被盗走或破坏。如果缺少了关键线索，我们就很难确认古墓主人的身份，无法还原相关的历史，考古工作也便失去了意义。

不怕"机关"，怕沼气

除了僵尸、鬼神，很多人认为古墓里的机关也很可怕。可实际上，真正考古时见到的机关少之又少，甚至过于简单，都不能叫作机关。反而是由于墓葬长期密闭而形成的大量有害气体，比如沼（zhǎo）气，更容易威胁到考古人员的安全。

不怕艰苦，怕下雨

考古人员工作时很怕遇上阴雨连绵的天气，因为下雨就意味着发掘工作要按下"暂停键"。然而，文物是否已经做好防雨措施、墓室是否会灌进雨水、墓穴是否会因此坍塌……这些因下雨而产生的问题却需要得到妥善的解决。此外，雨停后，变得泥泞不堪的发掘现场也让人十分头疼。

哇，考古人员果然天不怕地不怕！

我听说他们也有怕的……

怕沼气，怕塌方，怕烟关，怕下雨！

💡 你知道吗？

为了防止自己陵墓被盗，古人可真是绞尽了脑汁！设置疑冢（zhǒng）、在棺椁（guǒ）上刻"诅（zǔ）咒"、把墓室门修得又大又厚、在墓道里安装机关……设置机关来防盗的墓葬有积沙墓和水银墓。积沙墓的四周堆积了大量的流动性极强的沙子，一旦盗墓者进入墓穴，就会被沙子所埋；水银墓则放有大量的水银，一旦墓室被打开，水银产生的气体就会给人体造成致命的伤害。

三星堆是外星文明吗？

当然不是啦！

三星堆是外星文明吧？

名字的由来

三星堆遗址位于四川省广汉市三星堆镇鸭子河南岸，是中国新石器时代末期至商代的大型青铜文化遗址，年代为公元前 2500—公元前 1200 年。它因重要的考古发现集中于名为三星堆的土丘周围，故被命名为"三星堆遗址"。

沉睡了几千年的文物是怎么"醒"过来的？

三星堆遗址是在 1929 年被发现的，当时一位农民在淘沟时偶然发现了一坑玉石器，后将它们偷偷变卖。随着他卖的东西越来越多，"广汉有宝贝"这一消息不胫而走，吸引来了一批又一批寻宝者。后来，这个消息传到了时任华西协合大学博物馆馆长葛维汉的耳中，他意识到了这些文物的学术价值，于是在 1934 年，他带领一支考古发掘队来到广汉，开启了三星堆遗址的首次发掘。

这些文物是外星人留下的吗？

硕（shuò）大的耳朵、如同柱子一般突出的双眼、咧（liě）到耳根的大嘴巴……从外观来看，这些文物的形象确实有点像外星人，但经考古专家证实，三星堆出土的文物其实来自 3000 多年前的古蜀国。

我……我不是……我叫青铜兽面具。

你就是传说中的"千里眼"和"顺风耳"吗？

青铜立人像为什么举着"自拍杆"？

在三星堆出土的众多青铜雕像中，青铜立人像获得了颇（pō）高的人气。这个青铜人双手呈环状，仿佛正握着什么东西。经考证，考古学家认为他的身份很可能是古蜀国的大祭司，手中所握的也许是象牙或玉琮（cóng），也有可能是权杖，但目前还没有定论。

三星堆挖掘工作完毕了吗？

到目前为止，三星堆出土的文物已近两万件，但三星堆遗址仍埋藏着大量的文物等待考古工作者去发掘。古蜀国为何会忽然消失？祭祀坑里的青铜器为何被有意焚烧和破坏？关于三星堆的众多谜团至今仍未被破解。

💡 你知道吗？

三星堆二号祭祀坑出土了一件轮形器，由于它看上去十分像车轮，因此许多人猜测它是"方向盘""车轮子"……不过有学者认为，它代表的很可能是太阳。因为古蜀之地多阴雨，气候不利于农耕，所以古蜀人渐渐对太阳产生了崇拜之情。

楼兰为什么消失了？

"梦幻绿洲"变一片废墟？

如今已成一片废墟（xū）的楼兰，曾经竟是盈盈绿洲？罗布泊曾是新疆塔里木盆地面积最大的湖泊，楼兰就矗立在罗布泊湖畔的绿洲之上。史书记载，在汉朝时期，楼兰曾是连接汉朝和西域的重要枢（shū）纽，它常年被汉朝和匈奴争夺，战祸连年，在东汉河流改道之后导致楼兰严重缺水、环境急剧恶化。

听说楼兰漂亮姐姐可多了！

醒醒！
那是干尸！

是谁发现了这座神秘古城？

很多人都说这座神秘古城的重现是因为瑞典探险家斯文·赫定的"寻铲之路"。其实不然！在斯文·赫定发现楼兰前，一幅名叫《敦煌县西北至罗布淖尔南境之图》的清代地图中就明确标注了在罗布泊旁有一座古代城址。遗憾的是，当时的人们对考古都没有概念，更别谈去研究了。

古代西域文明的无尽劫难

谁能想到，楼兰的重现竟带来了无尽的掠夺！20世纪上半叶，中国正值战乱，斯文·赫定组织了一支探险队，借着考古之名对楼兰遗址进行了发掘。在这个过程中，他将大量的珍贵文物偷偷运回了自己的国家，致使我国丢失了研究楼兰历史的重要资料。

不破楼兰终不还……

中国古典文学里的"楼兰"

汉朝时期，楼兰仗着自己独特的地理位置，曾多次杀害汉朝派来的使者，破坏汉朝与西域的往来。于是，元凤四年（公元前 77 年），汉昭帝刘弗（fú）陵派傅介子前去刺杀楼兰王。事成之后，楼兰易主，更名鄯（shàn）善，而傅介子平安归来，被封为义阳侯。此后，这一典故经常被后世文人借用，"楼兰"也逐渐成了指代"战场""边塞""敌人"的意象。

💡 你知道吗？

楼兰古城东北地区发掘了两座两汉时期的墓葬，这两座墓葬均为竖穴土坑墓。在这两座墓葬中，考古学家发掘出了具有地方特色的弓箭、木器、陶器以及来自中原地区的铜镜、锦、绢、漆器等珍贵文物。这些文物的出土，为我们了解楼兰古城的历史和文化提供了重要的实物资料。

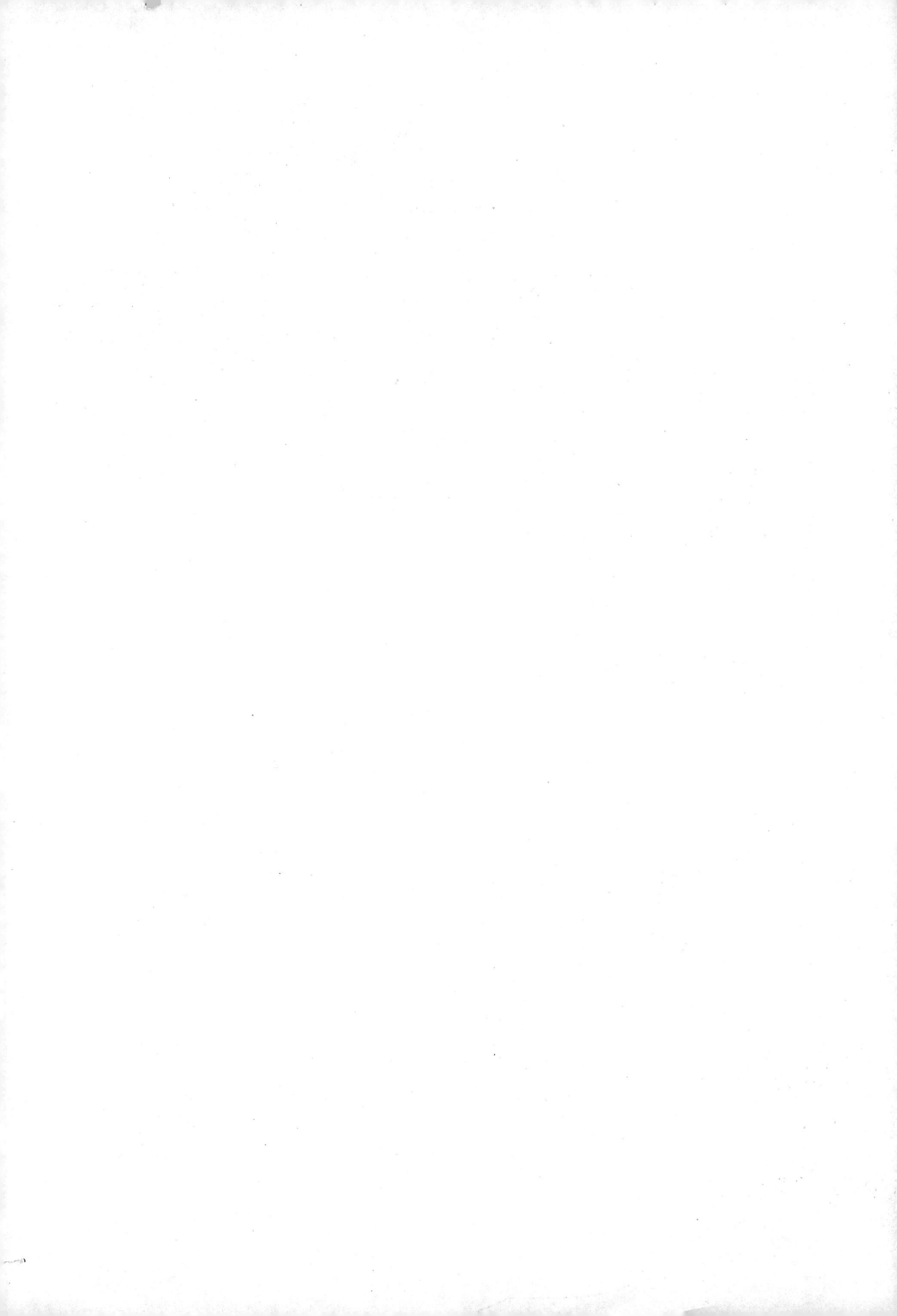